JAMES DEAN

Dennis Stock

JAMES DEAN
BILDER EINER LEGENDE

Mit einer Einführung von Joe Hyams

Aus dem Amerikanischen von
Angelika Feilhauer

KNESEBECK

Abbildung rechts: **Um den Esstisch der Winslows in Fairmount versammeln sich (dem Uhrzeigersinn nach): James Dean (mit dem Rücken zur Kamera); Charlie Dean, sein Großvater; Marcus Winslow, Deans Onkel; Ortense Dean Winslow, seine Tante; sowie seine Großmutter Emma Dean und Markie, Deans Cousin.**

Titel der Originalausgabe: *James Dean. Fifty Years Ago*
Erschienen bei Harry N. Abrams Incorporated, New York 2005
© der Texte und Fotografien: Dennis Stock
© der Einführung: Joe Hyams

Bibliografische Information Der Deutschen Bibliothek
Die Deutsche Bibliothek verzeichnet diese Publikation in der Deutschen Nationalbibliografie; detaillierte bibliografische Daten sind im Internet über http://dnb.ddb.de abrufbar.

Deutsche Erstausgabe
Copyright © 2005 von dem Knesebeck GmbH & Co. Verlags KG, München
Ein Unternehmen der La Martinière Groupe

Gestaltung: Ellen Nygaard
Satz: satz & repro Grieb, München
Druck: Imago
Printed in Singapore

ISBN 3-89660-286-1

Alle Rechte, insbesondere das Recht der Vervielfältigung und Verbreitung, vorbehalten. Kein Teil des Werkes darf in irgendeiner Form (durch Fotokopie, Mikrofilm oder ein anderes Verfahren) ohne schriftliche Genehmigung des Verlags reproduziert oder unter Verwendung elektronischer Systeme verarbeitet, vervielfältigt oder verbreitet werden.

www.knesebeck-verlag.de

Für die Familie Winslow

EINFÜHRUNG | JOE HYAMS

Dennis Stock kam auf eigentümliche Weise mit James Dean in Kontakt. Die beiden begegneten sich eines Sonntagnachmittags auf einer Gesellschaft im Bungalow des Regisseurs Nicholas Ray auf dem Gelände des Château Marmont, eines Hotels, das sich in den Fünfzigerjahren bei Leuten des Showbusiness großer Beliebtheit erfreute. Ray nahm Stock am Arm und stellte ihm einen jungen Mann vor, der sich in einen Sessel geflegelt hatte. »Dennis«, sagte Ray, »ich möchte dich mit James Dean bekannt machen. Jimmy ist Schauspieler.« Zu James Dean gewandt sagte er: »Dies ist Dennis Stock. Er ist Fotograf, und du solltest ihn unbedingt kennen lernen.« Nachdem er die beiden miteinander bekannt gemacht hatte, spazierte Ray davon. Stock fragte sich, was Ray an dem mürrischen, bebrillten jungen Mann fand.

Stock und Dean tauschten ein paar Floskeln aus, bis sie entdeckten, dass sie etwas gemeinsam hatten. Beide kannten Gjon Mili. Der großartige *Life*-Fotograf war für das Casting von Dean für Elia Kazan in New York verantwortlich gewesen. Stock war vier Jahre bei Mili in die Lehre gegangen und ein enger Freund von ihm geworden.

Dean erwähnte beiläufig, dass er gerade einen Film mit Kazan abgedreht hatte, und er lud Stock zu einer Vorpremiere in einem Kino in Santa Monica ein, die in der folgenden Woche stattfinden sollte.

James Deans beiläufige Schilderung seiner Arbeit hatte Stock zu der Annahme veranlasst, jener würde in *Jenseits von Eden* nur eine kleine Nebenrolle spielen. Stattdessen war Dean der Hauptdarsteller des Films, der eine glänzende, eindrucksvolle Leistung darbot. Stock war sofort klar, dass er gerade einen neuen Stern am Filmhimmel aufgehen sah. Er spürte, dass von Dean ein unmittelbarer, bedingungsloser Zauber ausging, der charakteristisch für einen damals sehr beliebten neuen Typus von Schauspielern war. Zu ihnen zählten auch Marlon Brando, Paul Newman und Montgomery Clift, die die Darstellung im Film revolutionierten.

Nach der Vorführung ging Stock durch eine Gasse neben dem Filmtheater, und dort sah er Dean, der in eine Lederjacke gekleidet auf seinem Motorrad hockte. Dean war allein. Als er Stock auf sich zukommen sah, grinste er und fragte ihn, wie ihm der Film gefallen habe.

»Du bist ein großartiger Schauspieler!«, platzte es aus Stock heraus.

Sie verabredeten sich für den folgenden Tag zum Frühstück bei Googie's, einem beliebten Treffpunkt junger Stars und Möchtegernschauspieler auf dem Sunset Strip. Dean war in sentimentaler Stimmung und erzählte so voller Emotionen von seiner Kindheit in Fairmount in Indiana, dass Stock ihm vorschlug, eine Fotoreportage über seine Jugend zu machen. Zur damaligen Zeit war es äußerst ungewöhnlich, dass ein Fotograf den Ort besuchte, an dem ein Schauspieler aufgewachsen war, da nur wenige Schauspieler je bereit gewesen waren, ihre Wurzeln preiszugeben und einzugestehen, dass die Saat ihres Talents auf recht gewöhnlichem Boden aufgegangen war.

Außerdem wollte Stock wissen, wie und wo Dean sein Handwerk in New York erlernt hatte. Stocks Vorschlag war außergewöhnlich – er wollte eine Fotoreportage machen, die die Herkunft des Schauspielers zeigte.

Dean sagte, er wolle nach New York fahren, um einige unerledigte Dinge in seinem Leben zu regeln. Danach wolle er in Fairmount einige Tage bei seiner Tante und seinem Onkel, den Winslows, ausspannen, die ihn nach dem Tod seiner Mutter auf ihrer Farm großgezogen hatten. Er lud Stock ein, ihn zu begleiten.

Dennis Stock arbeitete hin und wieder für *Life*, doch die Redakteure des Magazins zeigten zunächst wenig Begeisterung für eine Reportage über einen unbekannten Schauspieler. Glücklicherweise gab es in der Presse bereits erste Berichte, die Deans Leistung in *Jenseits von Eden* lobten. Stock sollte also zwei Tage arbeiten und 150 Dollar pro Tag erhalten. Er wusste, dass die Fotoreportage, die ihm vorschwebte, weit mehr Zeit in Anspruch nehmen würde als *Life* ihm zugestand, aber er war von seiner Idee überzeugt.

James Dean und Dennis Stock flogen zusammen nach New York. Am Busbahnhof im Zentrum der Stadt trennten sie sich, nachdem sie sich für den folgenden Tag in Deans Wohnung in der 68. Straße verabredet hatten. Am nächsten Morgen hatte James Dean dunkle Ringe unter den Augen. »Er sah entsetzlich aus«, erinnert sich Stock. »Jimmy litt unter Schlaflosigkeit, schlimmer als alle Schlaflosen, denen ich jemals begegnet bin. Er schlief einfach für ein paar Minuten oder ein paar Stunden ein, dann wachte er wieder auf, und weiter ging's.« Nach einem Frühstück, bestehend aus Kaffee und Toast in Cromwell's Pharmacy in der Lobby des NBC Building an der Rockefeller Plaza, brachen sie zu einem Spaziergang auf.

Vor dem Schaufenster eines Möbelgeschäfts unweit der Plaza blieb Dean stehen. »Schauspieler werden immer angeschaut«, sagte Stock zu ihm. »Geh doch hinein, und ich fotografiere, wie die Leute reagieren, wenn du sie anstarrst.«

Dean setzte sich in das Schaufenster zur Straße und saß etwa zehn Minuten regungslos in einem Sessel, während Stock Aufnahmen machte. Die New Yorker haben den Ruf, blasiert zu sein, und nur wenige blieben stehen, um ihrerseits Dean anzuschauen. Als dieser glaubte, die gewünschte Wirkung erzielt zu haben, stand er auf und verließ das Geschäft.

Anschließend besuchten die beiden James Deans alte Lieblingsplätze und verbrachten einige Zeit zusammen in seiner Wohnung. Stock war von den Büchern, Schallplatten und Dingen, die er dort sah und die viel über die Interessen und das Wesen des Schauspielers aussagten, fasziniert.

Einige Tage streiften sie durch Manhattan, während Stock fotografierte, wie Dean sich gegenüber den Menschen auf der Straße verhielt. »Viele Posen, die Jimmy einnahm, interessierten mich nicht, denn sie waren gekünstelt«, erinnert er sich. »Deshalb ließ ich ihn eine Menge Unsinn machen, bis er locker und spontan wurde. Dann schoss ich Fotos, von denen ich glaubte, dass sie seinen wahren Charakter offenbarten. Für das Herantasten an ein Porträt hätte unsere Zusammenarbeit nicht besser sein können.«

An einem der letzten Tage ihres einwöchigen Aufenthalts in New York frühstückten sie wieder bei Cromwell's. Obwohl es regnete, brachen sie danach zu einem Spaziergang am Times Square auf. James Dean hatte eine Zigarette im Mund, die Schultern hochgezogen und die Hände tief in den Taschen eines Marinemantels aus dem Armyshop vergraben. Während sie ziellos umherschlenderten, schien er in Gedanken verloren.

Unterwegs blieb er ab und zu stehen. Stock fotografierte ihn vor Reklametafeln und Filmplakaten. Es war eine Collage aus Bildern, die vor dem gewählten Hintergrund eine für jeden erkennbare Bedeutung hat. Der Times Square mit seinem Theaterbezirk und den Filmpalästen war die ultimative Adresse für Schauspieler. Das berühmte Foto von James Dean, der im Regen allein den Times Square entlangläuft, gilt als eines der herausragenden, symbolträchtigsten Porträts des 20. Jahrhunderts.

Von New York flogen James Dean und Dennis Stock nach Indianapolis. Dann fuhren sie mit dem Bus weiter nach Fairmount, wo sie an der Bushaltestelle von den Winslows und Deans kleinem Neffen Markie empfangen wurden. Alle umarmten Dean und anschließend Stock, den diese warmherzige Begrüßung rührte.

Nur wenige Minuten nach ihrer Ankunft auf der Winslow-Farm, noch ehe Stock im Gästezimmer seine Tasche ausgepackt hatte, erschien Dean grinsend und kichernd in seiner Tür. Er hatte sich umgezogen und trug seine alte Arbeitskleidung – ein grünes Hemd, grüne Drillichhosen aus Armeebeständen und abgewetzte Stiefel. Eine alte Mütze aus Kamelhaar, die er sich schief auf den Kopf gesetzt hatte, ließ ihn verwegen aussehen.

Man merkte ihm die Aufregung an, wieder an dem Ort zu sein, an dem er aufgewachsen war, begierig und voller Stolz, Stock die Farm zu zeigen, die er sein Zuhause nannte, und die Stadt, die er wie seine Westentasche kannte. Stock erkannte, dass seine Vermutung richtig gewesen war. Zu den bestimmenden Faktoren in Deans Leben gehörte, dass er auf dem Lande aufgewachsen war. Fairmount, eine typische amerikanische Kleinstadt, die sich im Laufe der Jahrzehnte wenig verändert hatte, bildete die Basis für Deans Lebensgeschichte. Die meisten Fotos, die Stock in den folgenden Tagen von James Dean machte, wurden auf der Farm oder im Umkreis von einer Meile aufgenommen.

Während Dean seinem Freund Fairmount zeigte, scharten sich Trauben von Stadtbewohnern um sie, denn Dean war dank seiner Fernsehrollen in seiner Heimatstadt bereits berühmt. Zwanglos scherzte er mit alten Freunden und jungen Fans. Niemand schien zu bemerken, dass Stock diskret Fotos machte.

Die meisten Abende verbrachten die beiden mit dem gesamten Winslow-Dean-Clan rund um den großen Esszimmertisch zu Hause bei den Winslows, drei Generationen einer eng miteinander verbundenen, stolzen Familie, wie sie typisch für den Mittleren Westen ist.

Zu Dennis Stocks Fotoreportage von James Dean in Fairmount gehören Bilder, auf denen Dean im Hof der Farm, umgeben von Vieh, auf seiner Bongotrommel spielt, inmitten von Kühen auf der Erde sitzt oder, den Hut in der Hand, mit einem riesigen Schwein posiert.

Stock und Dean besuchten den Friedhof von Fairmount, wo der Schauspieler sich neben den Grabstein seines Großonkels Cal Dean stellte. Die Ironie des Schicksals wollte es, dass Dean später auf ebendiesem Friedhof neben seiner Mutter und Generationen seiner Familie bestattet werden sollte.

Als Stock und Dean an einem kalten Tag durch Fairmount schlenderten, kamen sie an Hunt's Furniture Store, einem Möbelgeschäft in der Hauptstraße, vorbei. »Komm mit«, sagte Dean und ging zu einem Hinterzimmer, dessen Tür geschlossen war. Hinter ihr lag ein fensterloser Raum, in dem sich Dutzende von Särgen befanden. Entsetzt beobachtete Stock, wie Dean seine Stiefel auszog und in einen Bronzesarg stieg. Er kreuzte die Arme und rief: »Mach Fotos.«

Zunächst weigerte sich Stock. Er fand die Sache geschmacklos und wollte, dass Dean aus dem Sarg kam, ehe jemand den Raum betrat. Doch Dean gab nicht nach. Daraufhin machte Stock eine Reihe von Aufnahmen. James Dean lag mit geschlossenen Augen da, die Hände über der Brust gefaltet, lächelte und schnitt Grimassen.

»Er war nicht zu Späßen aufgelegt«, erinnert sich Stock. »Ich hatte keine Ahnung, dass er so etwas tun würde, und ich habe ihn ganz sicher nicht dazu ermuntert. Es machte mir Angst, und ich weiß, dass es auch ihm Angst machte. Im Rückblick glaube ich, dass seine Art, mit Angst umzugehen, darin bestand, sich lustig zu machen, zu spotten.«

Zum Schluss schoss Stock ein Bild, auf dem Dean, die Hände gefaltet, aufrecht im Sarg sitzt und mit einem verlorenen Ausdruck auf dem Gesicht direkt in die Kamera starrt.

»Jetzt war alles Spielerische aus Jimmy gewichen, all die Effekthascherei, all der Charme. Da war nichts anderes mehr als ein Mensch, der eigentlich nicht recht versteht, weshalb er das tut, was er tut.«

Die Fotoserie offenbarte Deans Schattenseite und auch das Verlangen, seiner Mutter nahe zu sein, die er verloren hatte, als er neun Jahre alt war.

Unter den vielen Fotos, die Dennis Stock in Fairmount von Dean machte, gibt es eines, auf das er besonders stolz ist. Es zeigt den Schauspieler mit Haus und Scheune der Winslows im Hintergrund, neben ihm sein Hund Tuck, der sich von ihm abwendet.

»Als die Woche in Fairmount zu Ende ging, waren wir beide traurig«, erinnert sich Stock. »Ich glaube, wir wussten beide, dass Jimmy nie mehr nach Hause zurückkehren und das Leben für ihn dort nie mehr wie früher sein würde. Diese Reise war tatsächlich ein wehmütiger Abschied von seinen Wurzeln, es war seine Art, der Vergangenheit Lebewohl zu sagen. Ich will damit nicht andeuten, dass er seinen bevorstehenden Tod erahnte, aber ich glaube, er spürte, dass er auf dem Weg in ein vollkommen anderes Leben war.«

Als Dennis Stocks Fotoreportage parallel zum Kinostart von *Jenseits von Eden* in *Life* erschien, untermauerte sie James Deans Status als angehender Filmstar. Darüber hinaus brachte sie Stock Anerkennung für seine innovative Arbeit ein.

Nicholas Ray zeigte sich so beeindruckt von den Bildern, dass er Stock als Standfotograf für *... denn sie wissen nicht, was sie tun* engagieren wollte, seinen Film mit James Dean in der Hauptrolle, dessen Drehbeginn kurz bevorstand. Ray wusste, dass Stock und Dean Freunde waren, doch Gewerkschaftsbestimmungen untersagten Fotografen, die nicht Gewerkschaftsmitglied waren, die Arbeit an Filmsets.

Man handelte einen Kompromiss aus. Stock wurde als Dialogregisseur engagiert und unterstützte Dean beim Lernen seines Textes. Dafür erhielt er die Erlaubnis, am Set zu fotografieren. Für die beiden Freunde war es die perfekte Lösung.

Danach drehte James Dean *Giganten*. Dennis Stock reiste nach Frankreich, um Spencer Tracy in einem Film zu fotografieren. Als er nach Hollywood zurückkehrte, drehte Dean seinen Film gerade ab. Er lud Stock ein, mit ihm nach Salinas in Kalifornien zu fahren, wo er mit seinem neuen Porsche an einem Rennen teilnehmen wollte. Zuerst sagte Stock zu, aber er spürte einen inneren Widerstand und sagte doch noch ab.

Am nächsten Tag kam James Dean in seinem Porsche ums Leben. Auch heute, nach fünf Jahrzehnten, ist für Dennis Stock der Verlust seines Freundes noch immer schmerzlich.

JAMES DEAN | DENNIS STOCK

New York, 1943

Der Tag war von Schmerz erfüllt. Würden Cagney, Bogart oder Tracy meine Gedanken auslöschen können? Am Morgen hatten die Ärzte den Zustand meines Vaters als kritisch eingestuft. Am Nachmittag war er tot. An jenem Abend tauchte ich im schwarzen Dunkel des benachbarten Filmtheaters unter, in der Hoffnung, dass die Macht der riesigen Leinwand den unerträglichen Schmerz betäuben würde, den Verlust und Schuldgefühle verursachten. Es schien, als müsse die Endgültigkeit des Todes mich nicht lähmen, wenn die Bilder auf der Leinwand meine Gefühle in die Welt des Zelluloids bannten. So sah ich die Dinge, als ich 15 war.

Viele von uns hoffen, durch Filme Erleichterung zu finden. Als Junge verbrachte ich viele meiner Sommer im kühlen Dunkel des Kinos an der Ecke. Die Stars, die Geschichten, die Schauplätze rissen mich zu Fantasien hin, die weitaus großartiger waren als die Realität des Ghettos. Es schien, als sei Hollywood das Himmelreich und als könne es heilen. Zeit und Erfahrung lehrten mich das Gegenteil.

Fairmount, Indiana, 1955

Nach dem Tod meines Freundes James Dean blieben wenige Illusionen über das Paradies Hollywood übrig. Angesichts seines schmucklosen Begräbnisses fielen alle mit der Welt der Stars verbundenen Träume und Fantasien in sich zusammen.

Lew Bracker und ich waren spät in der schlichten, aus Ziegelsteinen errichteten Quäkerkirche von Fairmount eingetroffen. Familienmitglieder und Freunde hatten bereits in den Bankreihen Platz genommen. Am Ende des Mittelgangs stand vor dem Altar der mit Blumen bedeckte geschlossene Sarg. Es ist gut möglich, dass es derselbe Sarg war, in dem Jimmy wenige Monate zuvor Faxen gemacht hatte. Die Orgel spielte »Goin' home«. Endlich fanden wir in der Vorderreihe links neben dem Altar einen Platz. Sofort entdeckte ich Jimmys Onkel, Marcus Winslow. Die Familie saß schräg gegenüber des Sargs. Immer wieder trafen sich unsere Blicke, und nur mühsam konnten wir die Tränen über den gemeinsamen Verlust zurückhalten. Es waren nicht einmal acht Monate seit meinem Besuch mit Jimmy in Fairmount vergangen, bei dem ich das Vergnügen gehabt hatte, im Haus der Familie zu wohnen, während ich Jimmy fotografierte. Wir hatten uns auf Anhieb verstanden, denn die Winslows waren außergewöhnlich offen und freundlich. Es schien so ungerecht, dass diese anständige, großzügige Familie diesen frühen Verlust erfahren musste. Als Ersatzeltern hatten die Winslows Jimmy mit aufopfernder und grenzenloser Liebe großgezogen.

Ich erinnere mich nicht an die Grabreden. Mein Schmerz ließ die meisten Worte, die gesagt wurden, verschwimmen. Nach Ende des Gottesdienstes gingen die Familienmitglieder hintereinander hinaus, um die Beileidsbezeugungen der Freunde aus Fairmount entgegenzunehmen. Zögernd näherte ich mich Marcus, und wir fielen uns in die Arme. »Junge, wo bist du gewesen?« Sein Gesicht war tränenüberströmt und verzweifelt. Seine Frau Ortense tadelte mich dafür, nicht früher Verbindung mit ihnen aufgenommen zu haben, aber sie war dankbar, dass die Gefühle, die Marcus lange unterdrückt hatte, durch mich zum Ausdruck kamen. Seit der Nachricht von Jimmys Tod hatte er geschwiegen. Marcus, der Farmer, und Dennis, der Großstadtmensch, waren sich so nahe, wie sich zwei Menschen in diesem Moment nur nahe sein konnten. Unsere gemeinsame Liebe zu Jimmy und der gegenseitige Respekt voreinander halfen, unsere unendliche Trauer zu lindern. Noch heute empfinde ich große Zuneigung zu den Winslows.

Wenn ich auf das Los Angeles der frühen Fünfziger zurückblicke und insbesondere auf den Sunset Boulevard, erinnert mich das an jenes Brettspiel, bei dem man versucht, im Uhrzeigersinn vorbei an Hindernissen zu »Ruhm und Reichtum« vorzurücken. Am Start würfelt der Spieler, und dann bewegt er sich wie ein Besucher der Avenida Alvaro im Zentrum von Mexiko-Stadt vorbei an den pastellfarbenen Bungalows von »Old Hollywood«. Mit vielen anderen Aspiranten kommt er zu einer Warteschleife an der Kreuzung von Crescent Heights und Sunset. Diese Kreuzung markiert den Anfang des berüchtigten Sunset Strip. Hatte ein Spieler gut gewürfelt, rückte er weiter vor und wurde in die angesehene Umgebung von Beverly Hills katapultiert. Ein oder zwei weitere Züge, und er hatte das Ziel erreicht: ein in das Licht der Abendsonne getauchtes Haus am Strand. Doch der Weg war in jeder Hinsicht von Hindernissen gesäumt und in höchstem Maße trügerisch. Bis zum heutigen Tag erreichen nur wenige Mitspieler die Pazifikenklave der Stars. Diejenigen, denen es gelingt, tragen meist böse Verletzungen und Narben davon.

In den Fünfzigern war der Sunset Strip (und ich bezweifle, dass sich daran viel geändert hat) das Schlachtfeld jener, die Hollywood erobern wollten. In diesem zwei Meilen langen Straßenabschnitt mit seinen Nachtclubs, Restaurants, Striplokalen und Agentenbüros wurde der Kampf um Anerkennung ausgefochten. Sternchen, Regisseure, Produzenten und Schauspieler boxten sich gegenseitig aus dem Weg für zwei kurze Zeilen in den einschlägigen Klatschspalten. Die Etablissements auf dem Strip profitierten von dem Streben der Ruhmsüchtigen und nährten die Illusion von Erfolg. Die Preise waren hoch, die Fassaden prunkvoll.

Jene, die von den Theatern am Broadway kamen, waren um einen möglichst glatten Wechsel nach Hollywood bemüht. Sie lebten in der symbolträchtigen Umgebung der Ära Chaplin und Keaton, im Château Marmont oder im Garden of Allah. Die in die Jahre gekommenen Bungalows und Suiten schotteten die ambivalenten Sucher aus dem Osten ab. Kaffeestuben, Restaurants und Drugstores befanden sich in der Hand der weniger Zahlungskräftigen und dienten als Treffpunkte für das New Yorker Völkchen. In dieser surrealen, angespannten Atmosphäre begegnete ich James Dean zum ersten Mal.

Ich war als Fotojournalist bereits etabliert und hatte daher Zugang zu Stars und gesellschaftlichen Ereignissen der Filmwelt. An Sonntagen traf man sich gewöhnlich im Haus des Regisseurs Nicholas Ray auf dem Gelände des Château Marmont. Für Nick, einen Außenseiter von der Ostküste, war dies mehr als ein geselliges Beisammensein. Er wollte talentierten Leuten damit die Gelegenheit bieten, sich einmal in der Woche zu treffen, um Ideen auszutauschen und neue Kontakte zu knüpfen. An den Sonntagnachmittagen im Winter 1954/55 fanden sich Leute aus allen Bereichen der Filmindustrie in seinem kleinen weißen Bungalow ein. Die Krüge voller Wein und die erhitzten Diskussionen milderten ein wenig die Oberflächlichkeit, die wir während der übrigen Woche in den Studios und Büros Hollywoods erlebten. Inmitten lebhaft gestikulierender Hände und leidenschaftlicher Gespräche stand ich, wie die meisten Fotografen, ein wenig abseits und etwas verlegen da – mit dabei, aber nicht ganz zugehörig. Nick bemerkte meine Zurückhaltung und führte mich die kleine Treppe hinauf zu einer Ecke, in der lässig zurückgelehnt ein junger Mann saß. Er schien ähnlicher Stimmung zu sein wie ich.

Unser Gastgeber stellte uns mit freundlichen Worten vor – ich, der Fotograf, wurde mit James Dean, dem Schauspieler, bekannt gemacht, und danach ließ Nick uns allein. Nichts an diesem Brille tragenden jungen Mann schien besonders beeindruckend. Zuerst antwortete er auf meine knappen Fragen und Bemerkungen einsilbig. Doch als der Wein reichlicher floss, kam auch unsere Unterhaltung in Fluss. Entspannt erkundigte sich Jimmy nach verschiedenen Aspekten fotografischer Techniken, und ich gab bereitwillig und nach bestem Vermögen Auskunft. Naturgemäß kam die Sprache auf seine Tätigkeit und seine letzte Arbeit. Beinahe gleichgültig erzählte er, dass er gerade mit Elia Kazan einen Film mit dem Titel *Jenseits von Eden* abgedreht hatte. Ich konnte dazu nichts sagen, da ich weder das Buch gelesen noch Branchengerüchte über die Produktion gehört hatte. Wir sprachen nicht weiter über den Film, doch kurz vor Ende unseres Gesprächs lud mich Jimmy zu einer Vorpremiere von *Jenseits von Eden* ein, die am folgenden Mittwoch in einem Filmtheater in Santa Monica stattfinden sollte. Mit einem Nicken und »Wir sehen uns dort« gingen wir auseinander.

Mitte der Woche begab ich mich zu dem schäbigen kleinen Kino, völlig unvorbereitet auf ein Erlebnis, das ein wichtiges Kapitel in meinem Leben einleiten sollte. Jimmys bescheidene Art bei Nick hatte mich schlecht auf seine großartige Darbietung vorbereitet, die ich an diesem Abend erlebte.

Es gibt Leiden, die keine Arznei jemals heilen kann. Während der Jugend sind Gefühle außergewöhnlich intensiv und werden verdrängt. Wir kämpfen mit Sprachlosigkeit und emotionalen Enttäuschungen. Der Jugendliche quält sich jahrelang mit dem Bedürfnis, verstanden zu werden. All dies ist notwendig, damit sich seine Persönlichkeit entwickelt. Die Gesellschaft sucht nach Symbolen, die Erfahrungen allgemeingültigen Ausdruck verleihen. Der Künstler sucht instinktiv nach Ordnung und gibt oft durch eine Gebärde oder Handlung einer allgemeingültigen Wahrheit eine feste Form. Seine Darstellung berührt den eigentlichen Kern unserer gemeinsamen Erfahrung, und der Zuschauer kann sich sofort damit identifizieren. Dann erkennen wir die Großartigkeit eines Symbols. Dies ist Kunst, und da allgemeingültige Kunst selten ist, war James Deans erste große Filmrolle besonders außergewöhnlich. In *Jenseits von Eden* rang er als junger Cal um die Verständigung mit einen unnahbaren Vater, den er liebte, und brachte dabei Facetten der Jugend zum Ausdruck, wie sie wohl noch niemals zuvor zu sehen gewesen waren. Das Publikum und ich sympathisierten eindeutig mit Cal, während Dean uns meisterlich durch sein Jammertal der Entfremdung und Unschuld führte, wobei er das begrenzte Vermögen des Jugendlichen, sich zu artikulieren, ausnutzte und mit ganzem Körpereinsatz spielte. Seine Ausdruckskraft war unglaublich lebendig. Ich saß buchstäblich auf der Vorderkante meines Sitzes und fotografierte im Geiste seine ungemein mannigfaltige, eindrückliche Gebärdensprache.

Fraglos war mit der Vorpremiere von *Jenseits von Eden* ein Star geboren, denn das gesamte Publikum applaudierte laut, als am Ende des Films die Lichter angingen. Ich brauchte einige Momente, um die Figur des Cal mit dem wenig beeindruckenden jungen Mann in Einklang zu bringen, den ich am Sonntag zuvor kennen gelernt hatte. Doch ich wusste, dass ich eine Geschichte über James Dean machen musste. Draußen auf der Straße schaute ich mich nach Jimmy um. Ich wollte ihm gratulieren und ein baldiges Treffen mit ihm vereinbaren, um die Möglichkeiten einer Fotoreportage zu diskutieren. In einer Gasse neben dem Theater entdeckte ich ihn. Er saß auf seinem Motorrad und schaute durch seine Brille hindurch zu den Scharen neuer Verehrer hinüber. Aus dieser Entfernung konnte er sie beobachten, ohne selbst beobachtet zu werden. Jimmy musste seinen Triumph gespürt haben, denn als ich auf ihn zuging, grinste er breit und fragte: »Na, was meinst du?« Da ich von dem Film noch immer tief ergriffen war, stieß ich nur hervor: »Du bist ein großartiger Schauspieler!« Wir wurden von Freunden unterbrochen, die Jimmy gratulierten, und ich schlug vor, am nächsten Morgen zusammen zu frühstücken.

Lassen Sie mich versuchen, meine eigene Situation und Haltung als junger Mann im Hollywood der damaligen Zeit zu erklären. Meine Kontakte zu New Yorker Magazinen waren vielen Schauspielern und Agenten, die Publicity suchten, wohl bekannt. Daher hatte ich reichlich Gelegenheit, so viele berühmte und kreative Menschen zu treffen, wie ich wollte. Ich genoss die Gegenwart dieser Männer und Frauen ungemein, aber ich war mir bewusst, dass das Verhältnis schmarotzerhaften Charakter haben konnte, wenn meine Fotos keine Aussage machten und ich es einfach dabei beließ, die exklusiven Gelegenheiten, die ich hatte, zu nutzen, um die Stars von heute und morgen zu fotografieren. Nichtssagenden Fotos von berühmten Leuten wird häufig in erster Linie wegen der gesellschaftlichen Stellung des Gezeigten Bewunderung entgegen gebracht. Deshalb versuchte ich, Persönlichkeiten zu fotografieren, die sich am besten durch eine Bilderserie darstellen ließen. Bei jedem Auftrag suchte ich nach einem tieferen Sinn. Dadurch erhöhte sich die Wahrscheinlichkeit, ein außergewöhnliches Foto zu machen. Wenn das Foto ungeachtet der gezeigten Person gelungen war, glaubte ich, mein Ziel erreicht zu haben.

Das Frühstück fand bei Googie's auf dem Strip statt, einem von Jimmys Lieblingslokalen. Wie üblich drängten sich dort arbeitslose Schauspieler und Schauspielerinnen, die Branchenklatsch austauschten und auf der Suche nach Hinweisen auf Filmcastings *Variety* lasen. Jimmy erschien um neun. Er setzte sich, doch noch ehe wir unser Gespräch beginnen konnten, war er von Verehrern umringt. Der überwältigende Erfolg der Vorpremiere am Abend zuvor war Gegenstand der Gespräche im gesamten Lokal. Zwei Stunden war Jimmy der Mittelpunkt. Bekannte versuchten sich mit übertriebenen Komplimenten anzubiedern und sich eine nähere Freundschaft mit dem aufstrebenden Star zu erschleichen. Irgendwann verlor ich die Geduld. Ich ließ durchblicken, dass ich gehen wollte, da keine Möglichkeit für ein Gespräch bestand. Mit einer raschen Bewegung sprang Jimmy aus unserem Séparée heraus, beglich die Rechnung und brachte mich zu seinem Motorrad, das auf dem Parkplatz stand. »Steig auf. Lass uns hinauf in die Berge fahren. Mein Agent hat da oben ein Haus mit einer großartigen Aussicht, dort können wir reden.« Da ich noch nie auf einem Motorrad gefahren war, stieg ich mit Bangen und in dem Bewusstsein auf die Triumph, dass ich geprüft wurde. Es war meine erste Prüfung. Wir jagten die gewundenen Straßen des Laurel Canyon hinauf, während ich meine Arme fest um Jimmys Taille schlang. Wir legten uns tief in jede Kurve. Ich klammerte mich noch stärker an Jimmys Lederjacke und schrie über den brüllenden Motor hinweg:

»Wenn ich sterbe, stirbst du auch!« Als wir endlich jenen Teil der Hügel Hollywoods erreichten, in dem sich Dick Claytons Haus befand, verlangsamte Jimmy das Tempo. Unter uns erstreckte sich ein großer Teil von Los Angeles und in der Ferne der Pazifik. Wir setzten uns auf den nackten Boden und redeten fünf Stunden.

Fraglos diente unsere Begegnung dazu, dass wir uns gegenseitig ein besseres Bild voneinander machen konnten. Tröpfchenweise lieferte Jimmy Informationen über sein bisheriges Leben, und ich gab ausführlich Auskunft über meine Qualifikationen und Referenzen. Meine Freundschaft mit Humphrey Bogart und meine Mitgliedschaft in der renommierten Fotoagentur Magnum erwiesen sich der Idee einer Zusammenarbeit als förderlich. Ich wollte das Gespräch unbedingt wieder auf Jimmys Vergangenheit lenken, damit ich beginnen konnte, in groben Zügen Situationen festzulegen, die wir mit der Kamera dokumentieren würden. Ich erklärte ihm, dass die Reportage Orte zeigen sollte, die den außergewöhnlichen Charakter des James Byron Dean beeinflusst und geprägt hatten. Wir glaubten, dass eine Reise in seine Heimatstadt Fairmount in Indiana und nach New York, wo seine berufliche Laufbahn begonnen hatte, diese Einflüsse am besten sichtbar machen würde. Wir verabredeten, in nicht allzu ferner Zukunft an diese beiden Orte zu reisen. Wie in meinem Gewerbe üblich, wollte ich aber zuerst einen Vertrag abschließen, der die Deckung der Kosten garantierte. Ein nahe liegender Auftraggeber war das Magazin *Life*. Wenn ich von dessen Redakteuren eine Zusage erhielt, konnten wir einen Zeitplan für den Besuch in Indiana und New York aufstellen. Außerdem kamen wir überein, dass ich die Exklusivrechte an der Fotoreportage über Jimmy erhalten würde.

Es dauerte nur eine Woche, bis *Life* den Auftrag erteilt hatte. Ich benachrichtigte Jimmy, und wir legten einen vorläufigen Abreisetermin für zwei Wochen später fest. In der Zwischenzeit wollte ich möglichst viel mit Jimmy zusammen sein, denn je mehr ich über seine Stimmungen wusste, desto leichter würde es mir fallen, Verhaltensweisen und Situationen vorherzusehen. Mittlerweile hatte die wachsende Aufmerksamkeit, die die Presse *Jenseits von Eden* schenkte, ein ständig zunehmendes Interesse an dem neuen Star geweckt. Die Folge von Jimmys steigender Popularität war schließlich, dass er für den *Life*-Bericht neue Vertragsklauseln erzwingen wollte. Irgendwann bestand er auf einer Titelbild-Garantie und darauf, dass ein Freund die Texte schreiben sollte. Sein Verhalten war ungewöhnlich und in äußerstem Maß egozentrisch. Ich sagte, ich würde die Forderung an die Redakteure weiterleiten, unternahm aber nichts, denn ich hielt seine Ansprüche für völlig überzogen. Ich setzte darauf, dass unsere wachsende Freundschaft den Auftrag sichern würde. Jimmy erzählte ich, dass die Redakteure seine Forderung abgelehnt hätten. Tagelang benahm er sich wie ein verzogenes Kind, doch schließlich fing er sich, und wir konnten in der ersten Februarwoche 1955 nach Fairmount aufbrechen.

Für Jimmy bedeutete dies die Rückkehr nach Hause. Aber sie war begleitet von der Erkenntnis, dass der meteoritenhafte Aufstieg zu Ruhm seit jenem Abend in Santa Monica ihn für alle Zeiten von seinen Wurzeln in der Kleinstadt im Mittleren Westen abgeschnitten hatte und er niemals wirklich wieder nach Hause zurückkehren konnte. Dennoch lernte ich in jenen bitterkalten Spätwintertagen, in denen Jimmy und ich durch die Stadt, die Farm und die Felder Fairmounts streiften, um Familie und Freunde zu besuchen, den wahren James Dean kennen – oder zumindest konnte ich ihn erahnen.

FAIRMOUNT, INDIANA

Zu dem Zeitpunkt, als wir in Fairmount eintrafen, waren die Dreharbeiten zu *Jenseits von Eden* beendet, aber der Film war noch nicht in die Kinos gekommen. Dennoch spürten die Menschen in der Stadt, dass James Dean etwas Besonderes war. Die Lokalzeitungen hatten seinen Werdegang verfolgt, denn er war bereits in Fernsehfilmen zu sehen gewesen. Doch niemand ahnte, wie berühmt er werden sollte.

Als Jimmy sechs Jahre alt war, zogen seine Eltern nach Kalifornien. Drei Jahre später, am 14. Juli 1940, starb seine Mutter Mildred an Krebs. Sein Vater, der Zahntechniker war, blieb in Kalifornien, aber Jimmy wurde nach Indiana zurückgeschickt, wo ihn seine Tante und sein Onkel, Ortense und Marcus Winslow, in Fairmount großzogen. Auch Jimmys Großeltern lebten dort. Wahrscheinlich kam Jimmy nie über den Tod seiner Mutter hinweg. Dennoch kann man sich schwerlich ein besseres Zuhause für einen Jungen in seiner Situation vorstellen als das der Winslows. Die Winslows waren Quäker, und Jimmys Großmutter sagte einmal über sie: »Beide sind klug und gütig. Ihr Heim ist genau so, wie das eines Quäkers sein sollte. Man hört dort niemals ein grobes Wort.«

Unbemerkt von seiner Familie hatte Jimmy sich ein Drahttonbandgerät umgeschnallt und an seiner Armbanduhr ein Mikrofon befestigt. Dann fragte er Charlie und Emma, seine Großeltern, über seine Vergangenheit aus. Neben anderen Dingen versuchten sie herauszufinden, woher Jimmy seine schauspielerische Begabung hatte. Charlie wusste nur zu sagen, dass einer von Jimmys Vorfahren Auktionator gewesen war. Allerdings kam ein Aspekt, der sicher wichtig war, nicht zur Sprache: Jimmy hatte als Kind immer mit seiner Mutter Theater gespielt. Sie hatten eine Bühne gebaut und Stücke erfunden, die sie dann mit kleinen Puppen aufführten.

Jimmys Rückkehr nach Fairmount war mehr als ein bloßer Besuch. Mit der Produktion von *Jenseits von Eden* **hatte Jimmy Hollywood kennen gelernt und eine Ahnung davon bekommen, was Ruhm bedeutete. In dieser Zeit machte er einen Spagat zwischen zwei Welten – der Welt seiner Kindheit und Jugend in Fairmount und der Welt eines zukünftigen Stars. Er wusste instinktiv, dass die beiden nicht zusammenpassten. Und so kehrte er nach Fairmount zurück, um sich seiner Herkunft zu vergewissern und das zu bewahren, was ihm wichtig war.**

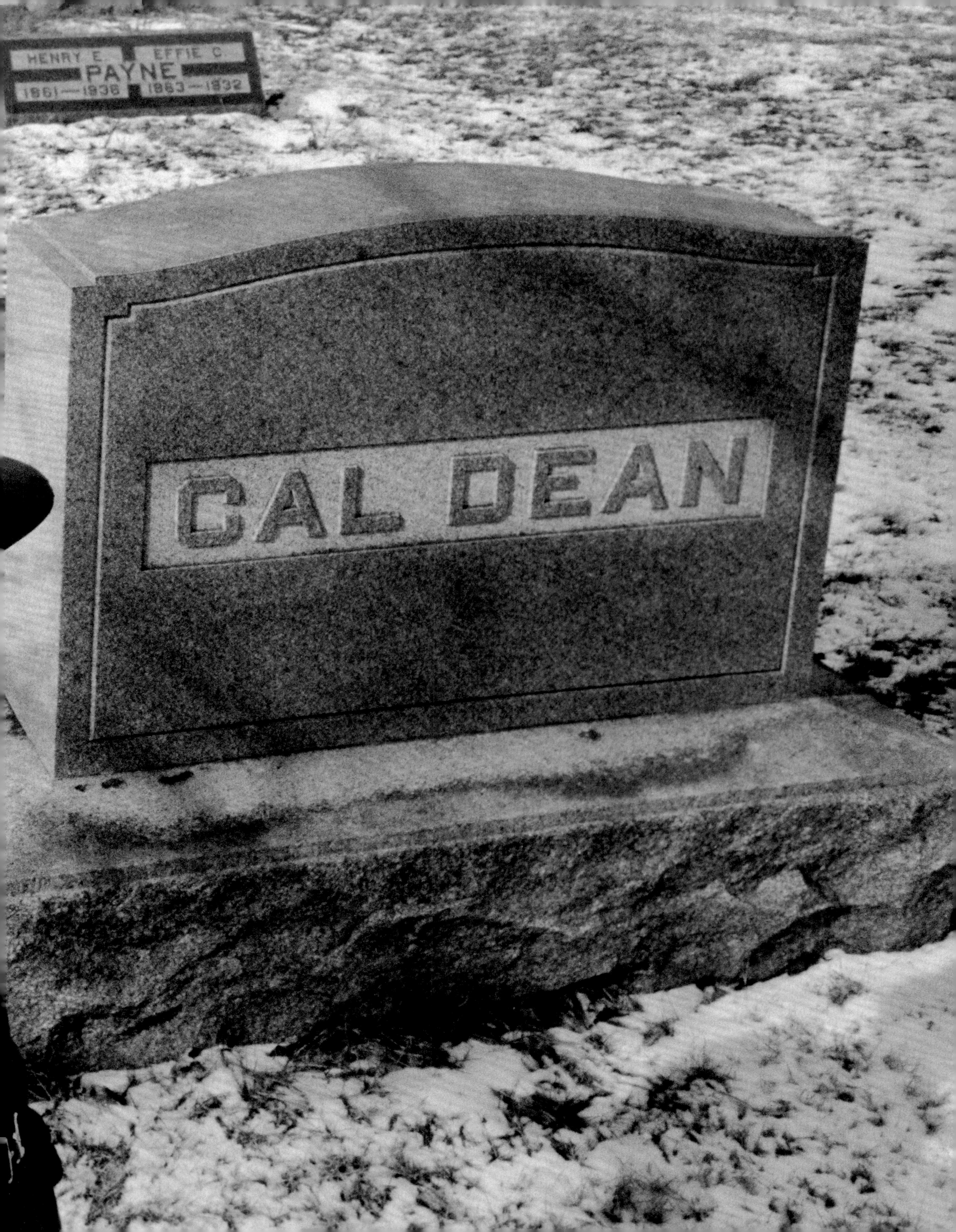
HENRY E.
EFFIE C.
PAYNE
1861—1938
1883—1932
CAL DEAN

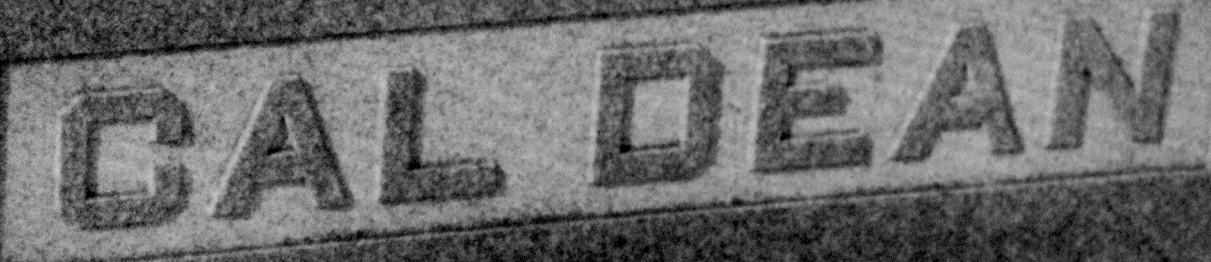

Seiten 26–27: Wenn man seine Wurzeln sucht, geht man am besten auf den Friedhof, vor allem in einer kleinen Stadt. Eines Morgens schlenderten Jimmy, Markie und ich über Fairmounts »Park Cemetery«, auf dem viele Vorfahren der Deans begraben lagen. Durch Zufall kamen wir zu dem Grabstein von Cal Dean, Jimmys Großonkel. Sowohl Jimmy als auch ich waren betroffen von der seltsamen Übereinstimmung des Namens – Jimmy hatte eben erst in *Jenseits von Eden* den Cal Trask gespielt.

Der Februar ist im Mittleren Westen ein unwirtlicher Monat und keine ideale Zeit, um irgendetwas zu sehen, geschweige denn, seine Vergangenheit zu erforschen. Alles ist trostlos und grau, und das Gleiche gilt für die Stimmung. Aber vielleicht gehörte dies zu Jimmys Neigung, ständig alles auszutesten. Nichts sollte idyllisch sein.

Jimmy hatte eine unkomplizierte Beziehung zu Markie – vielleicht vergleichbar mit der eines älteren Bruders. Während seines Aufenthaltes in Fairmount half er Markie, ein Modellauto zu bauen und sein Fahrrad zu reparieren, und gelegentlich spielte er mit ihm in einer selbst zusammengebauten Seifenkiste. Ich glaube, Jimmy betrachtete sich selbst als kleinen Jungen. Markies Kindheit war seiner eigenen sehr ähnlich und eng verknüpft mit der Bewegung und Kraft von Traktoren. Dadurch interessiert man sich später wohl automatisch für Fahrräder, Motorräder und Rennautos, für alles, was mit Mechanik zu tun hat. Es fiel Jimmy sehr leicht, sich dieser Seite des Farmlebens anzupassen und sich in dieser Hinsicht mit seinem Cousin zu identifizieren.

Jimmy mit seinem Onkel, Charlie Knowland.

In Martin Carters Motorradladen, wo Jimmy sein erstes Motorrad gekauft hatte.

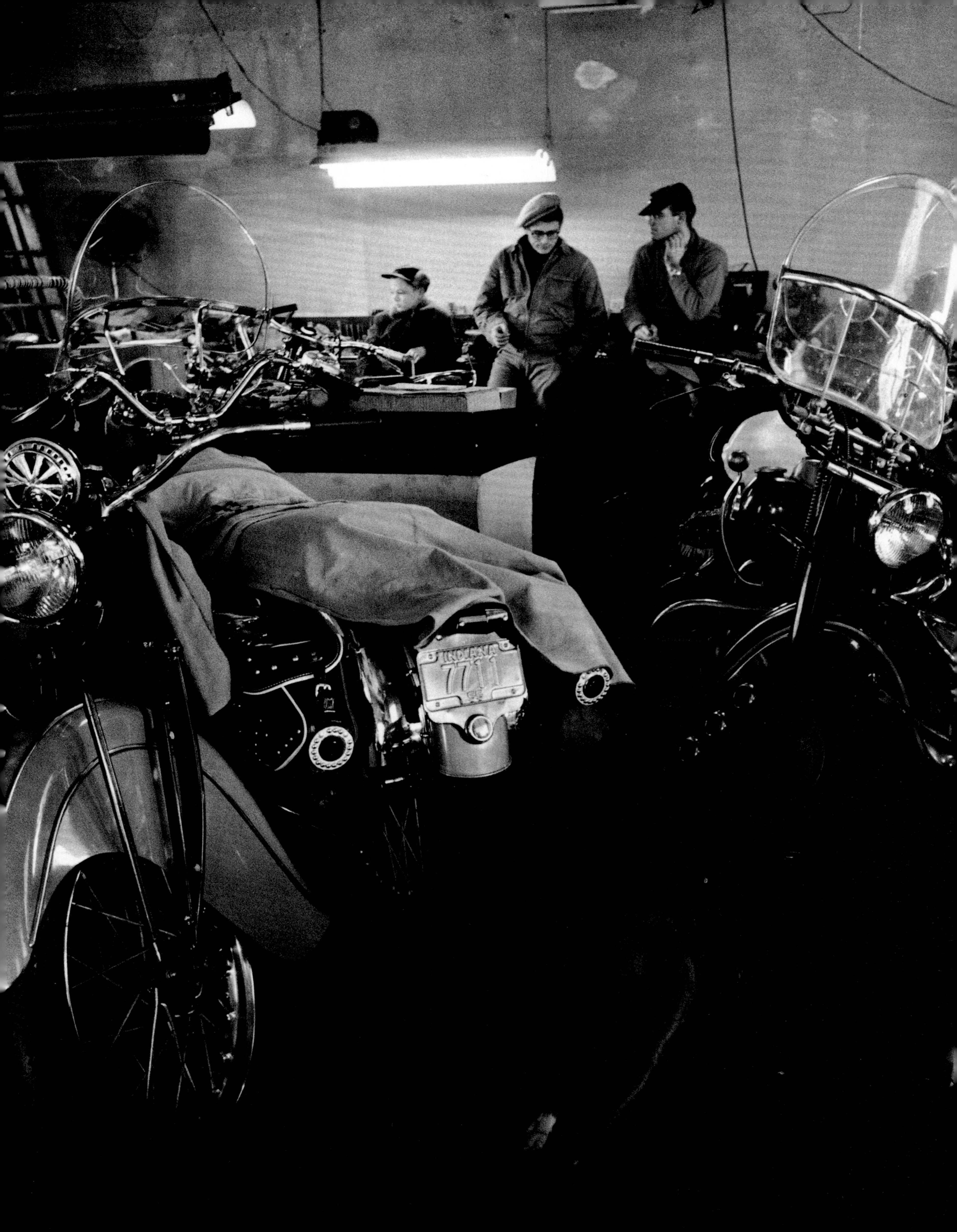
INDIANA
7711

Auf der Farm der Winslows. Jimmys Onkel Marcus sitzt auf dem Traktor.

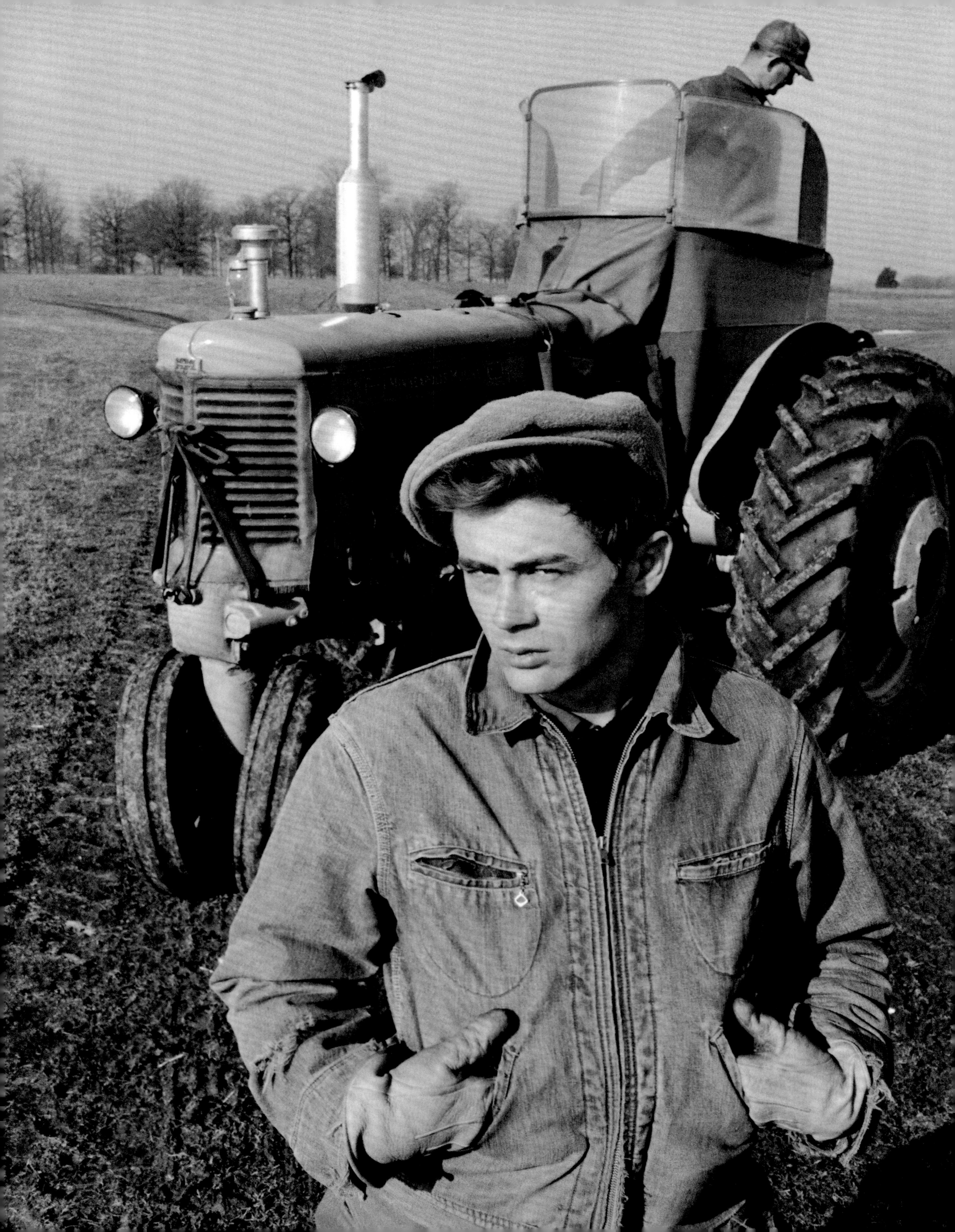

Jimmy mit Sau.

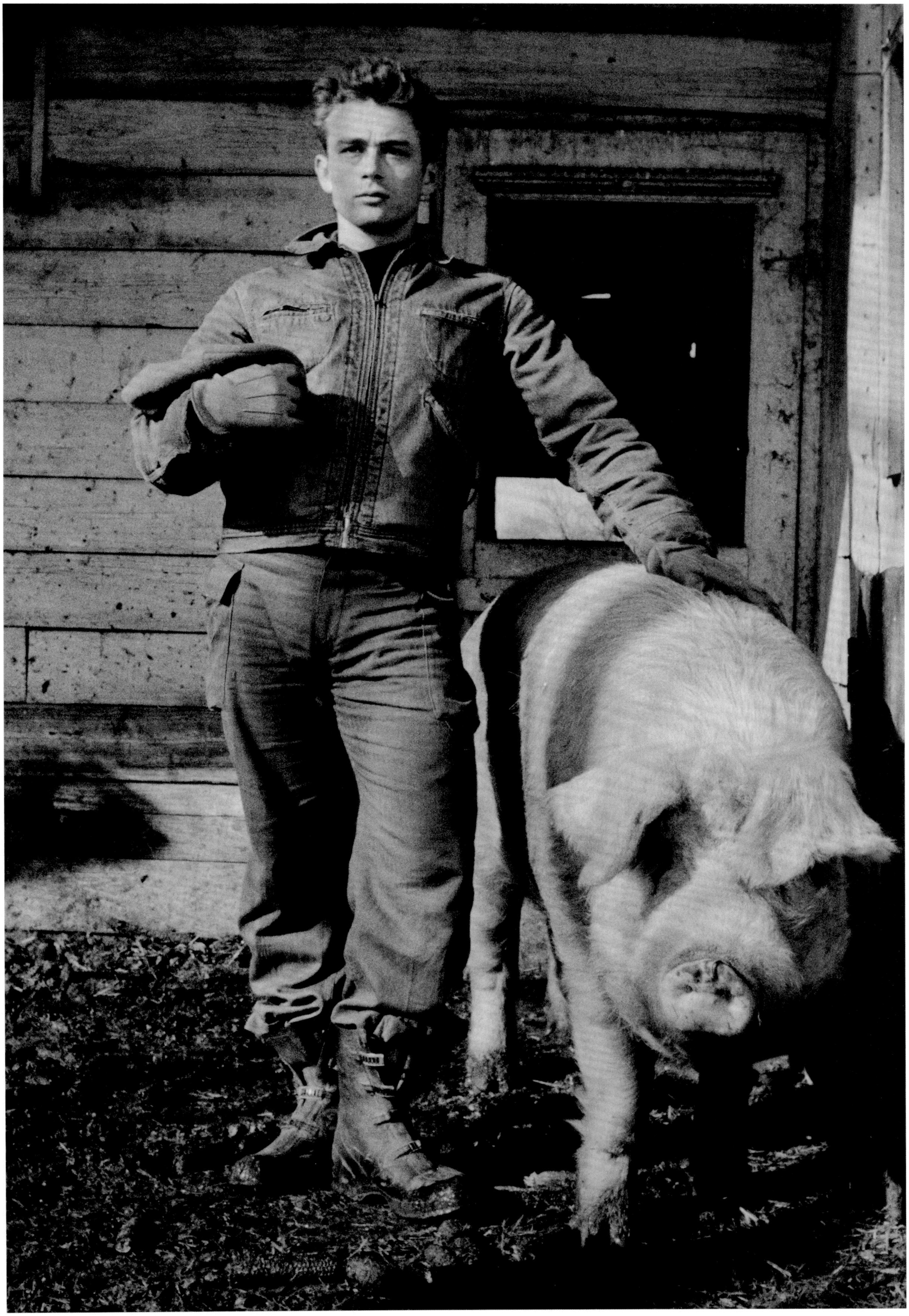

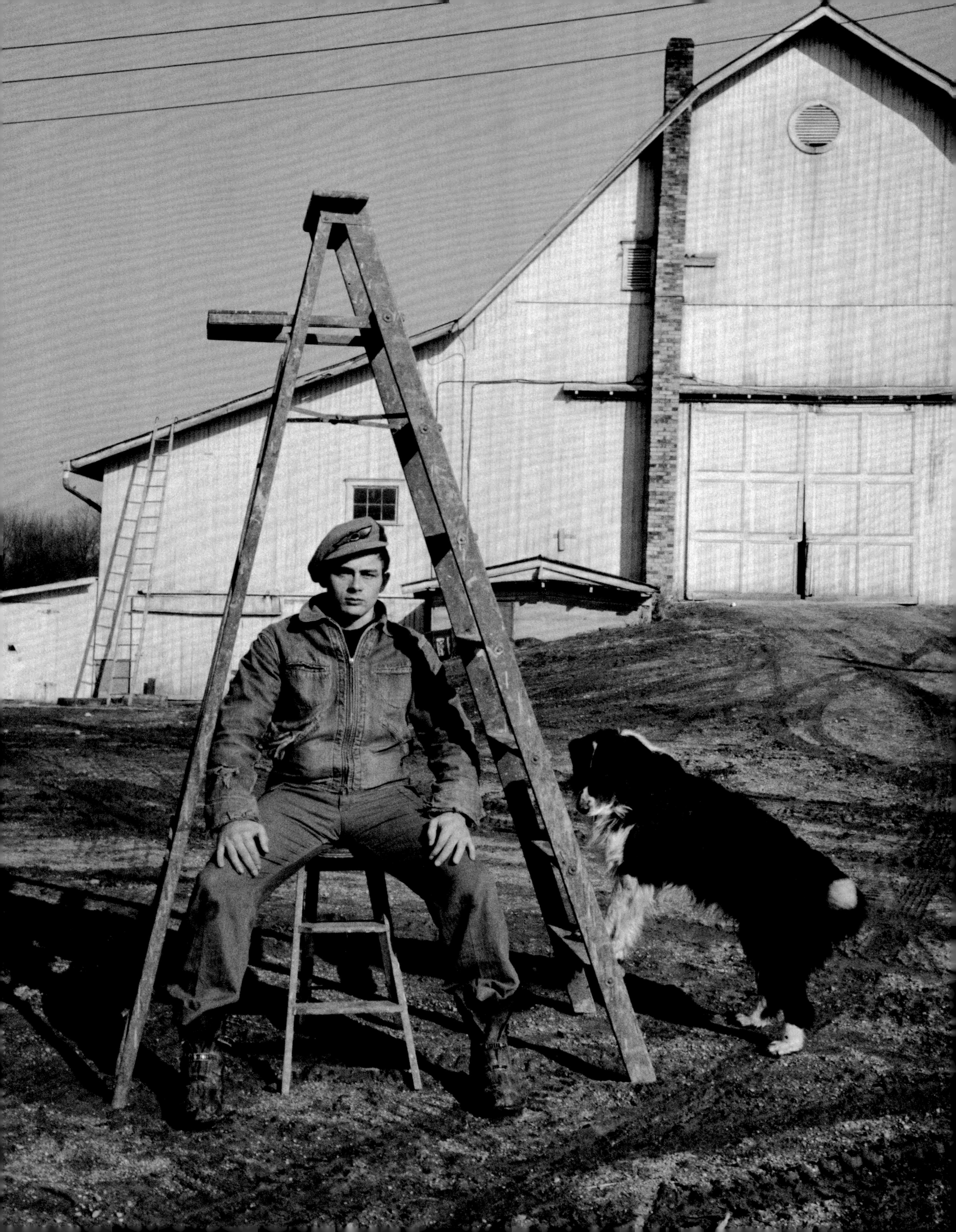

Auf dem Hof war Jimmy zu Hause. Er kundschaftete Pferche, Tröge und Scheunen aus, posierte in ihnen und testete Vergnügungen vergangener Tage auf ihre Tauglichkeit für die Zukunft. Er fand Gefallen an den surrealen Seiten unserer Suche und war glücklich, als die Schweine seine Bongotrommel mit Grunzen begleiteten, die Säue würdevoll für ein Foto posierten und die Kühe herablassend seine Gegenwart akzeptierten.

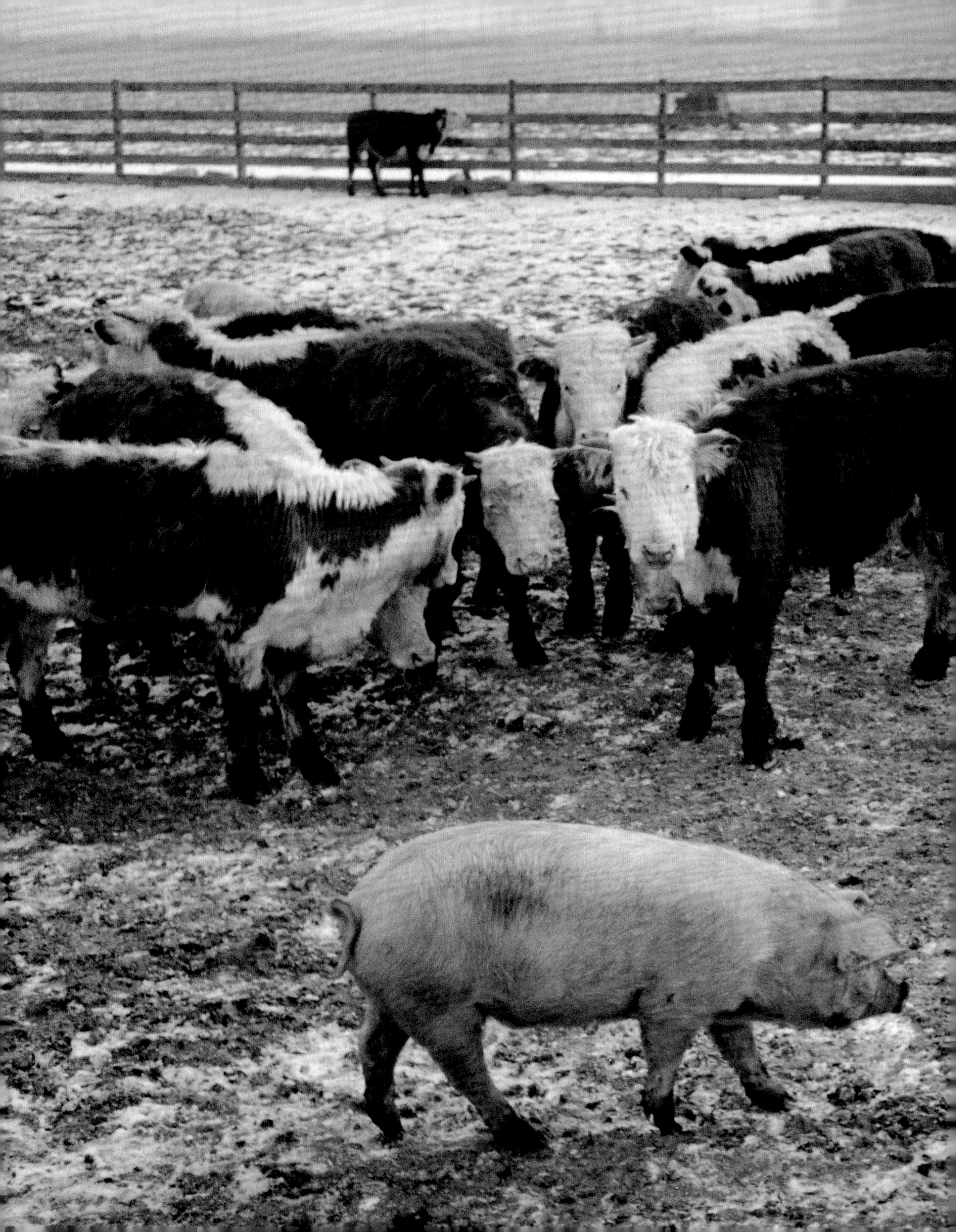

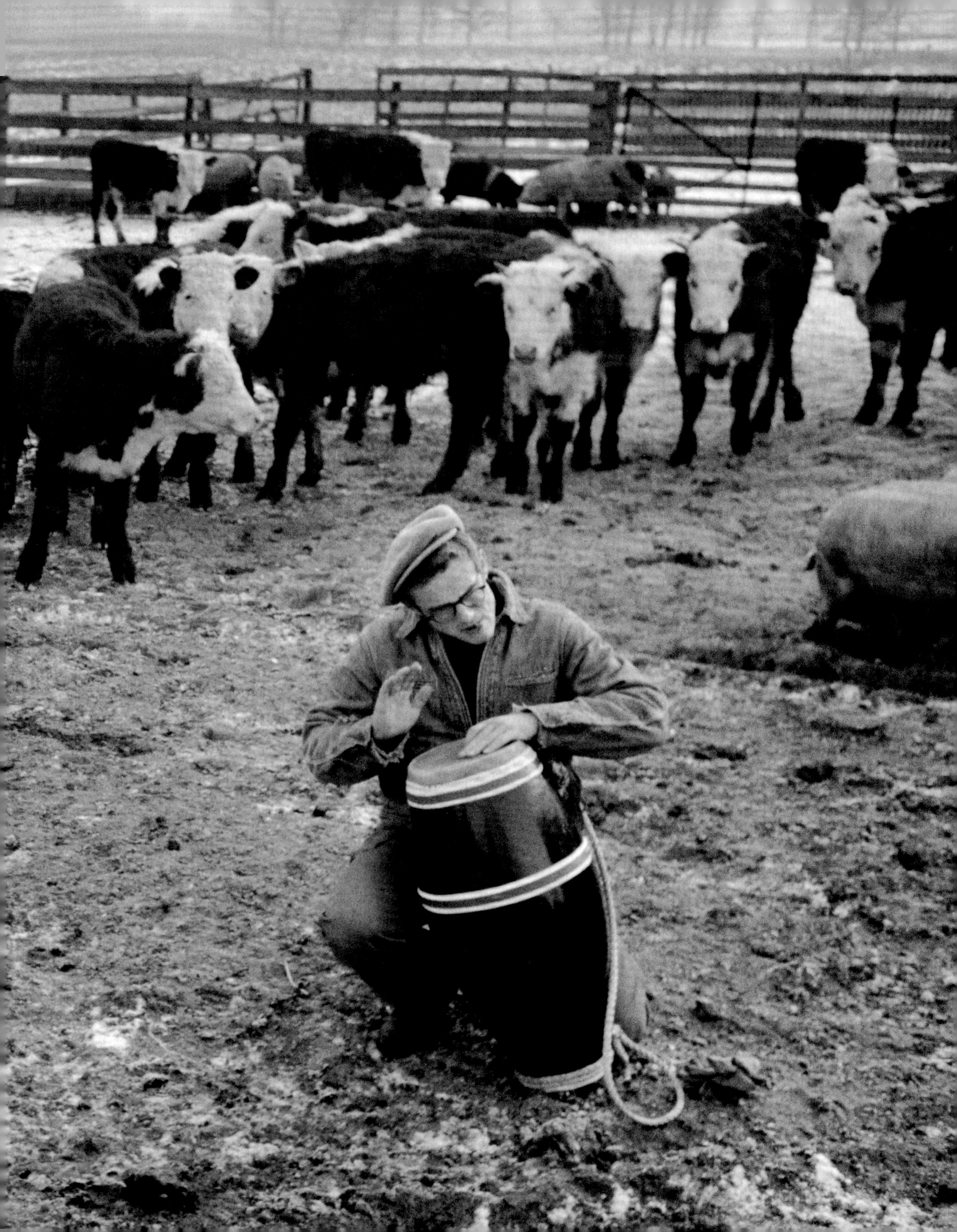

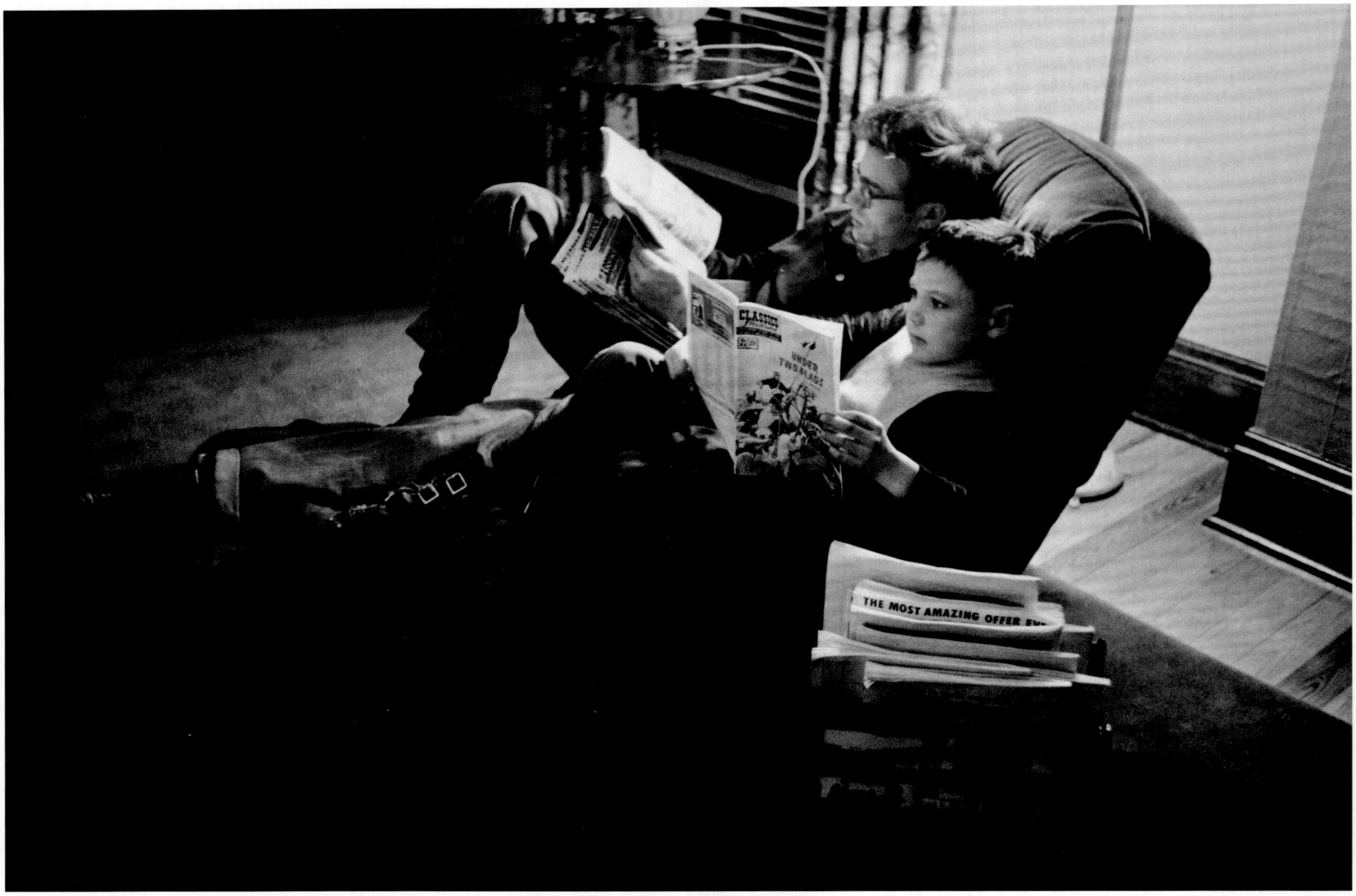
CLASSICS
UNDER TWO FLAGS
THE MOST AMAZING OFFER

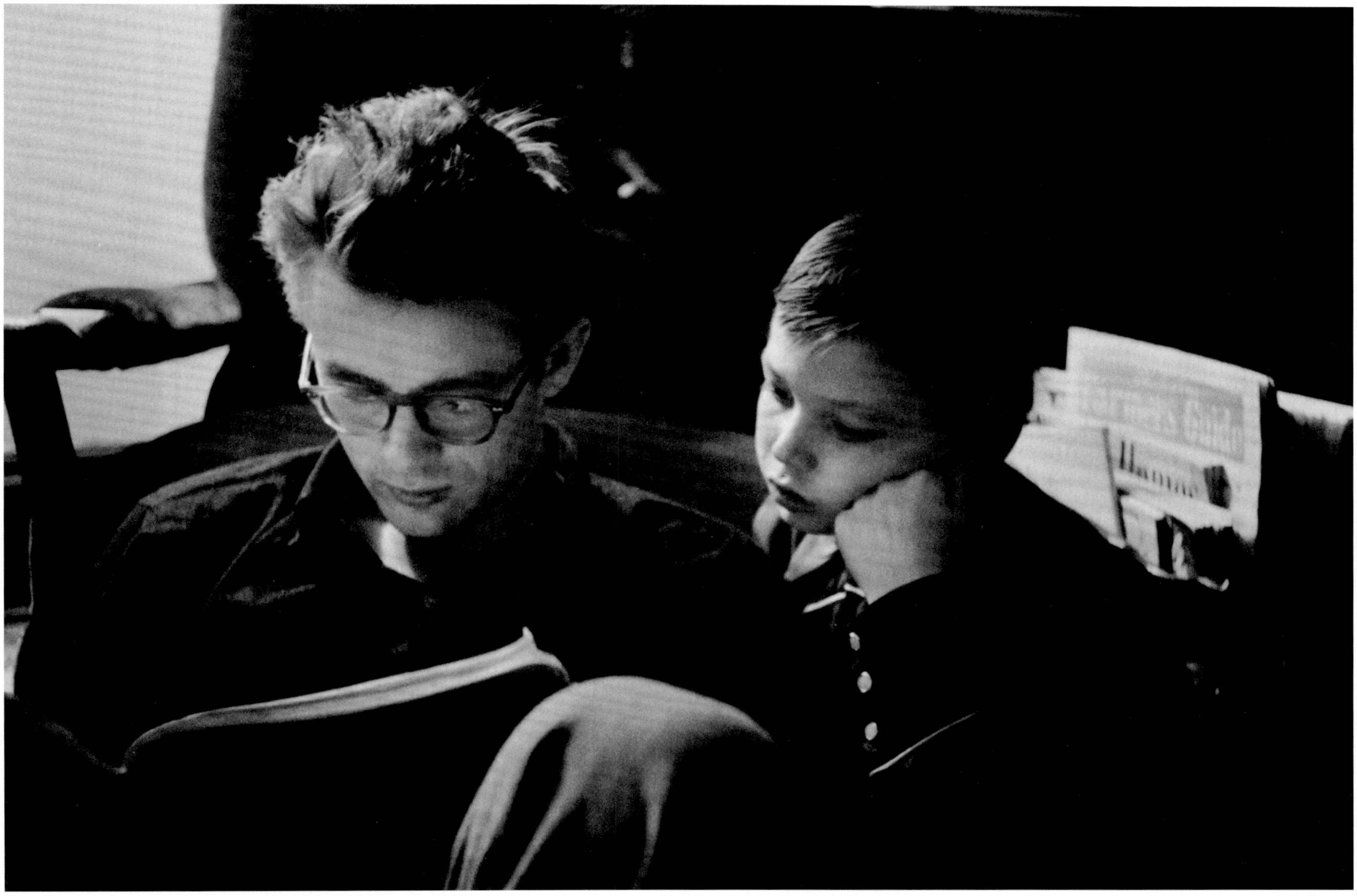

Wo Jimmy auch hinging, nahm er seine Bongotrommel mit – nach New York, nach Hollywood und auch nach Hause, nach Fairmount. Markie hält sich die Ohren zu, als Jimmy zu spielen beginnt.

James Whitcomb Riley war der Dichter Indianas, und Jimmy liebte es, aus seinen Werken vorzulesen. Und eines Abends las er mir nach dem Abendessen vor, um mir einen Eindruck von den Menschen Indianas und dem Ort, aus dem er stammte, zu vermitteln.

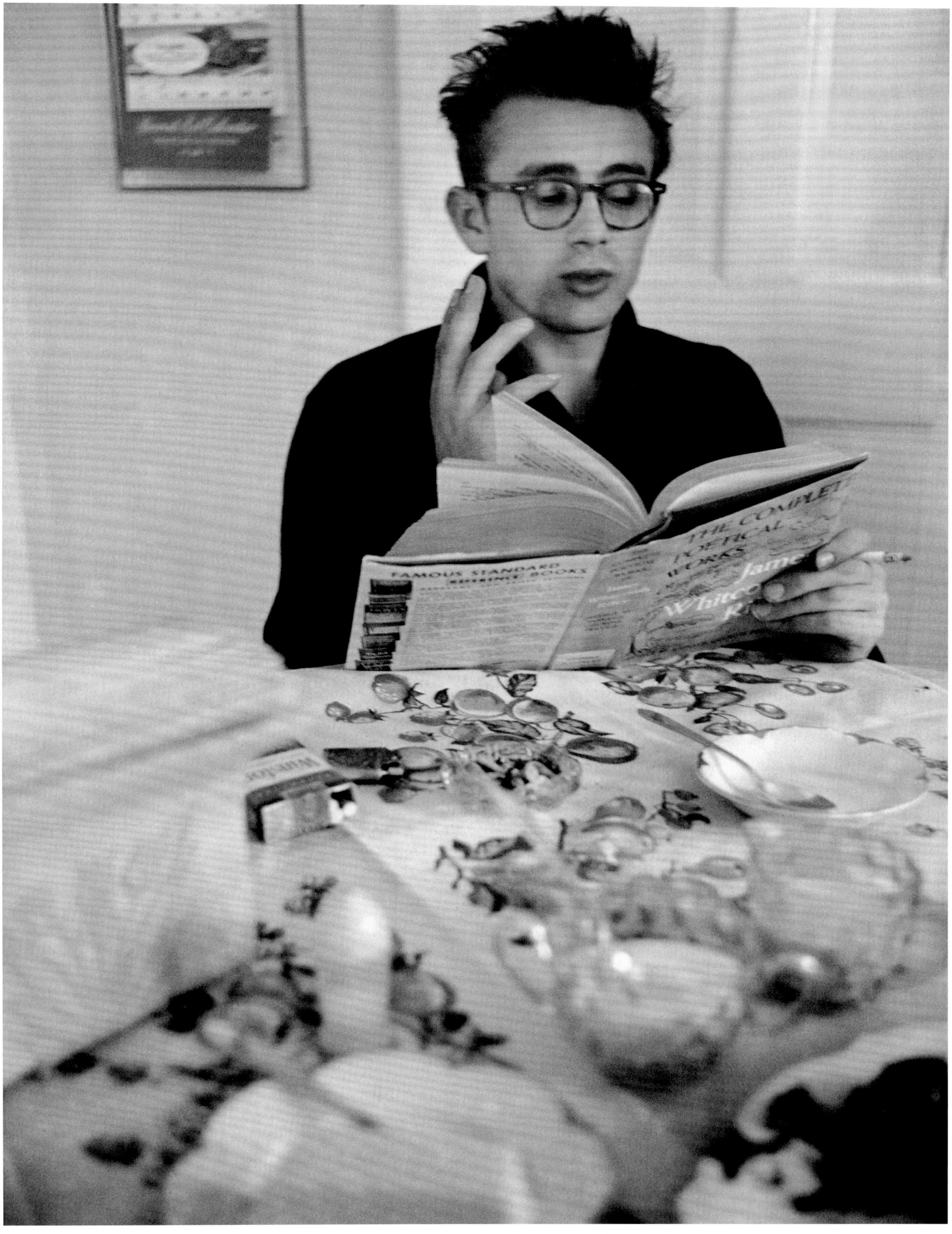
THE COMPLET
POETICAL
WORKS
James
FAMOUS STANDARD

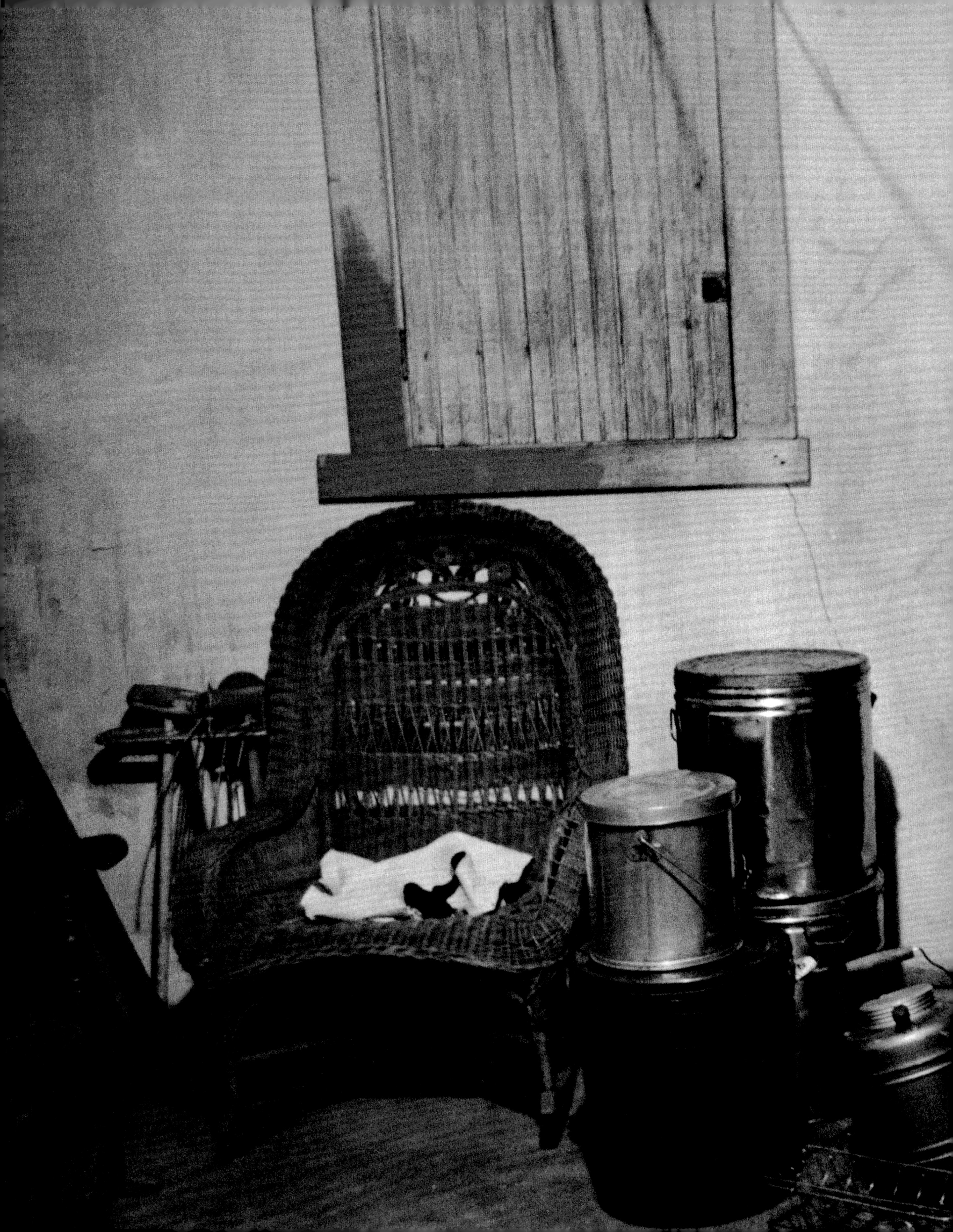

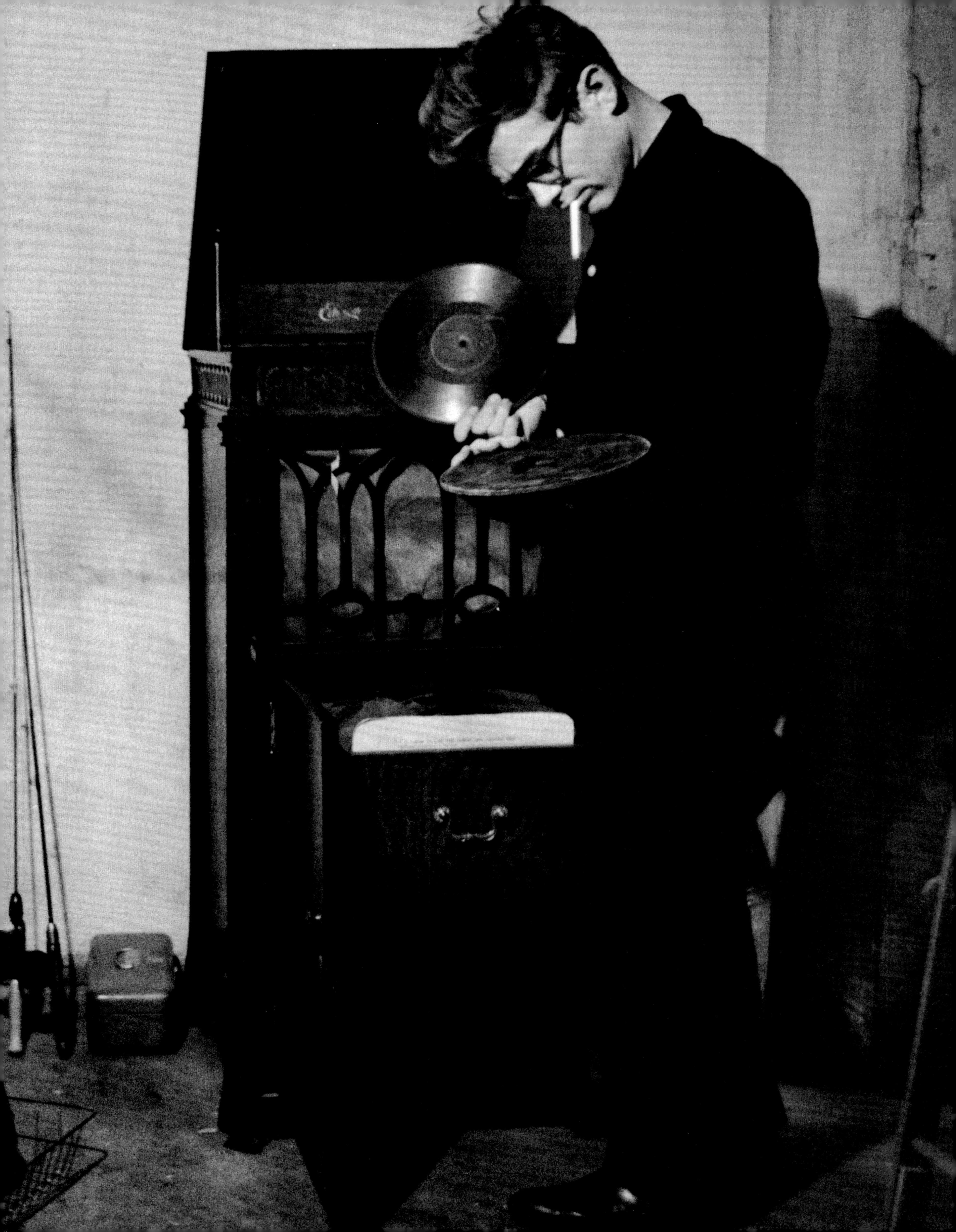

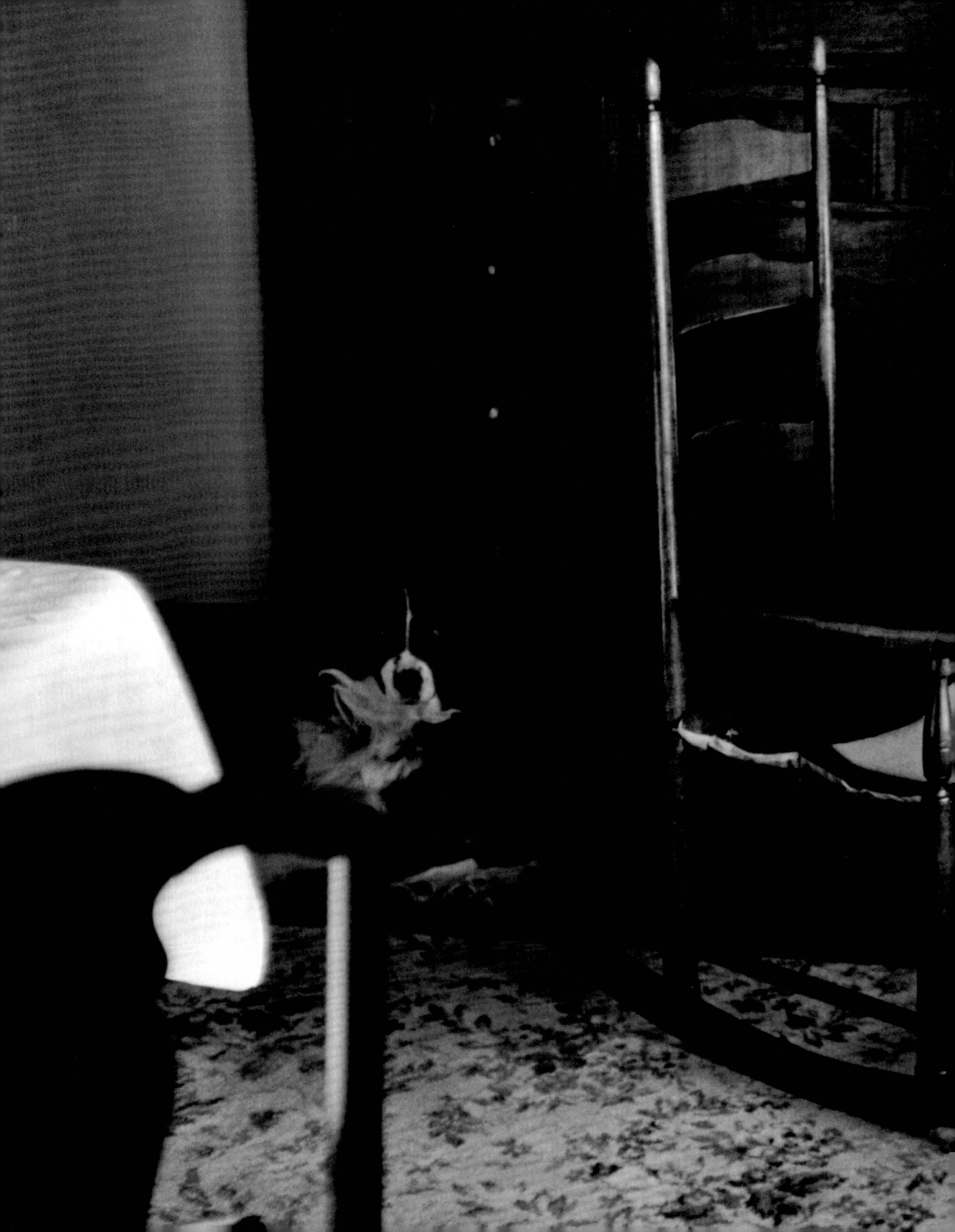

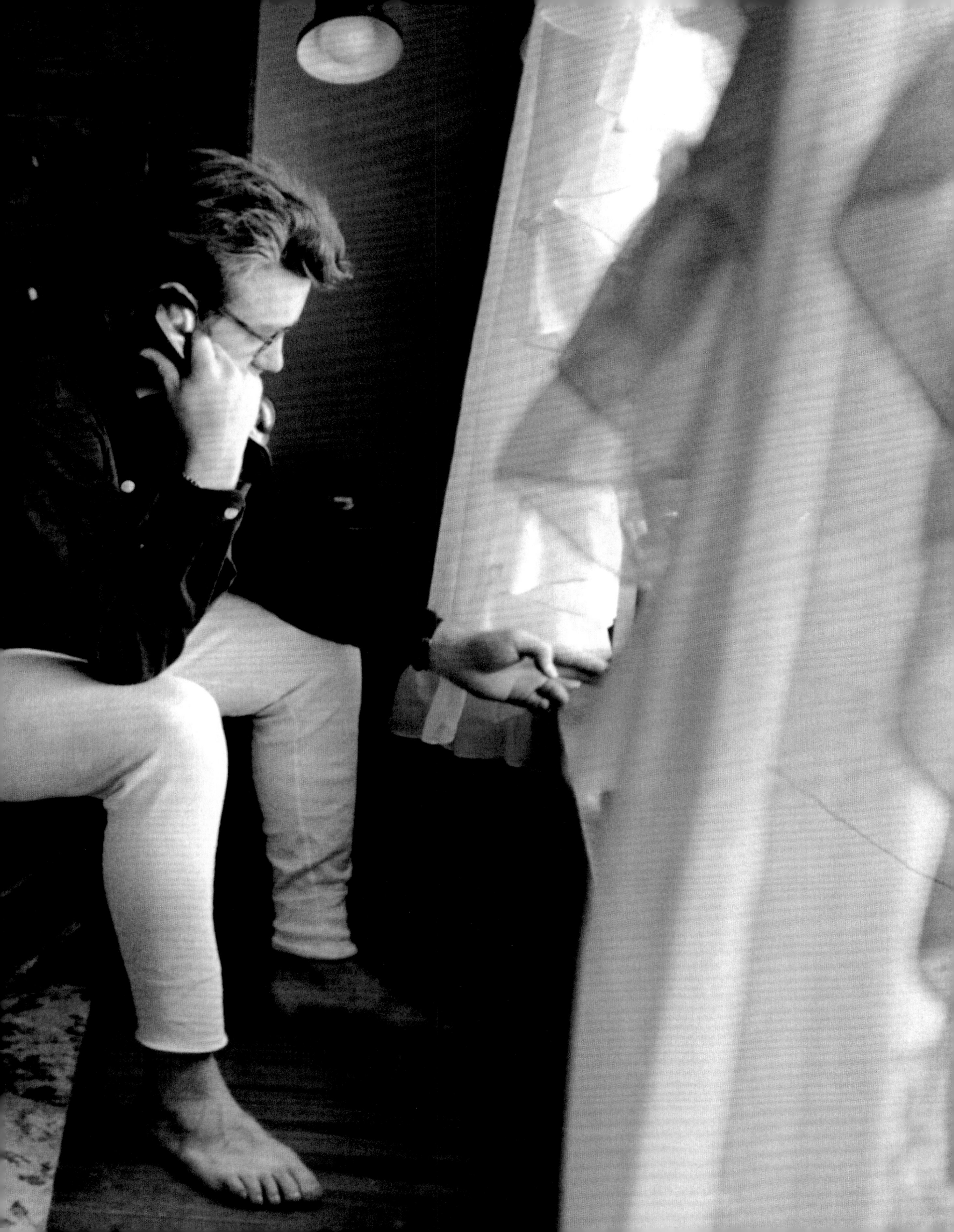

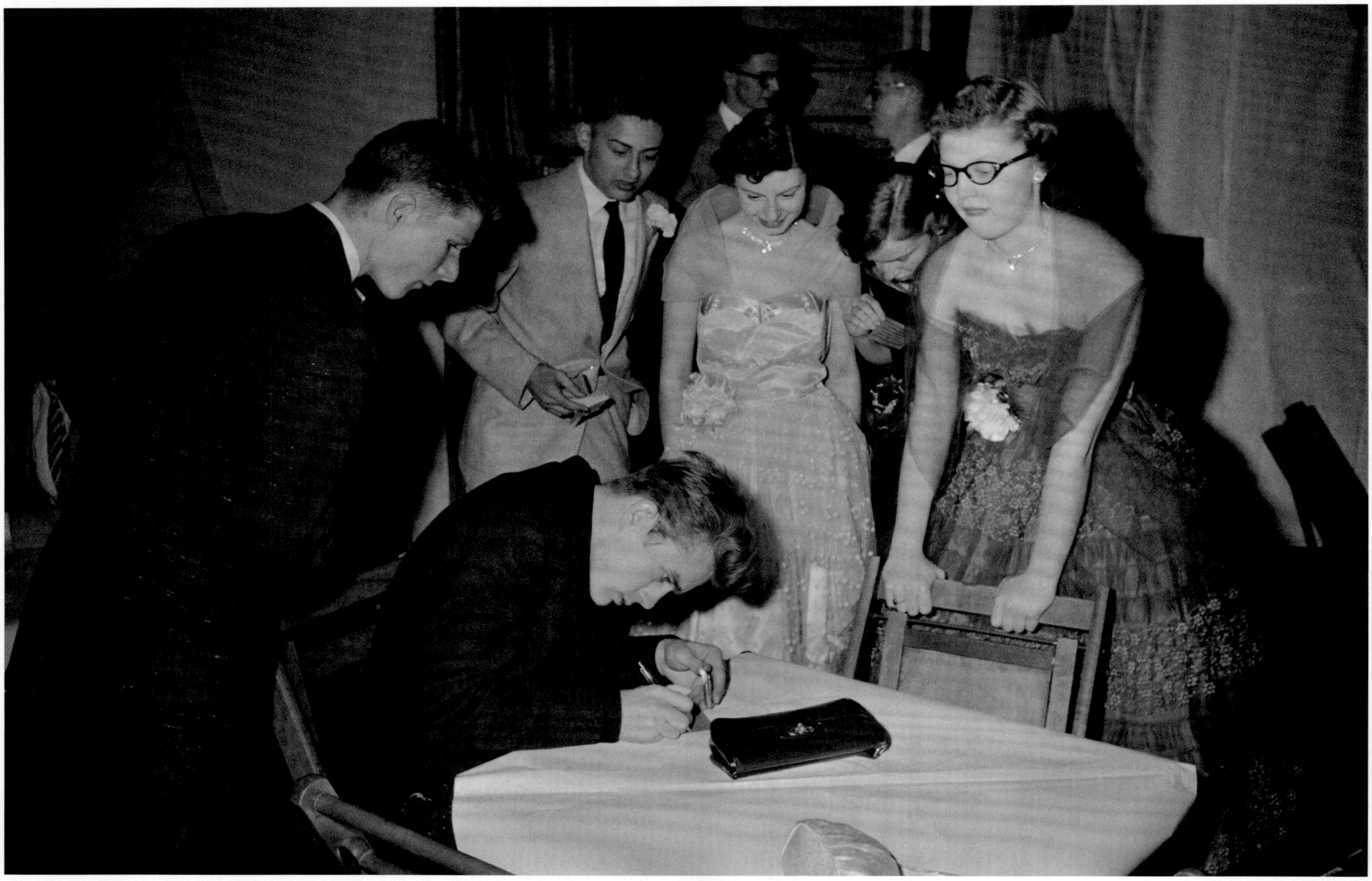

Am Valentinstag fand der Sweethearts-Ball statt. Da Jimmy gerade in Fairmount war, wurde er eingeladen. Er ging hin und nahm sogar seine Bongotrommel mit. Irgendwann am Abend spielte er mit der Band und hielt sogar eine kleine Rede. Er war damals 24 und hatte schon einige Jahre zuvor die Schule verlassen, doch die meisten Schüler der Abschlussklasse erinnerten sich noch an ihn. Da man in Fairmount wusste, dass er Karriere machen würde, wurde er natürlich um Autogramme gebeten.

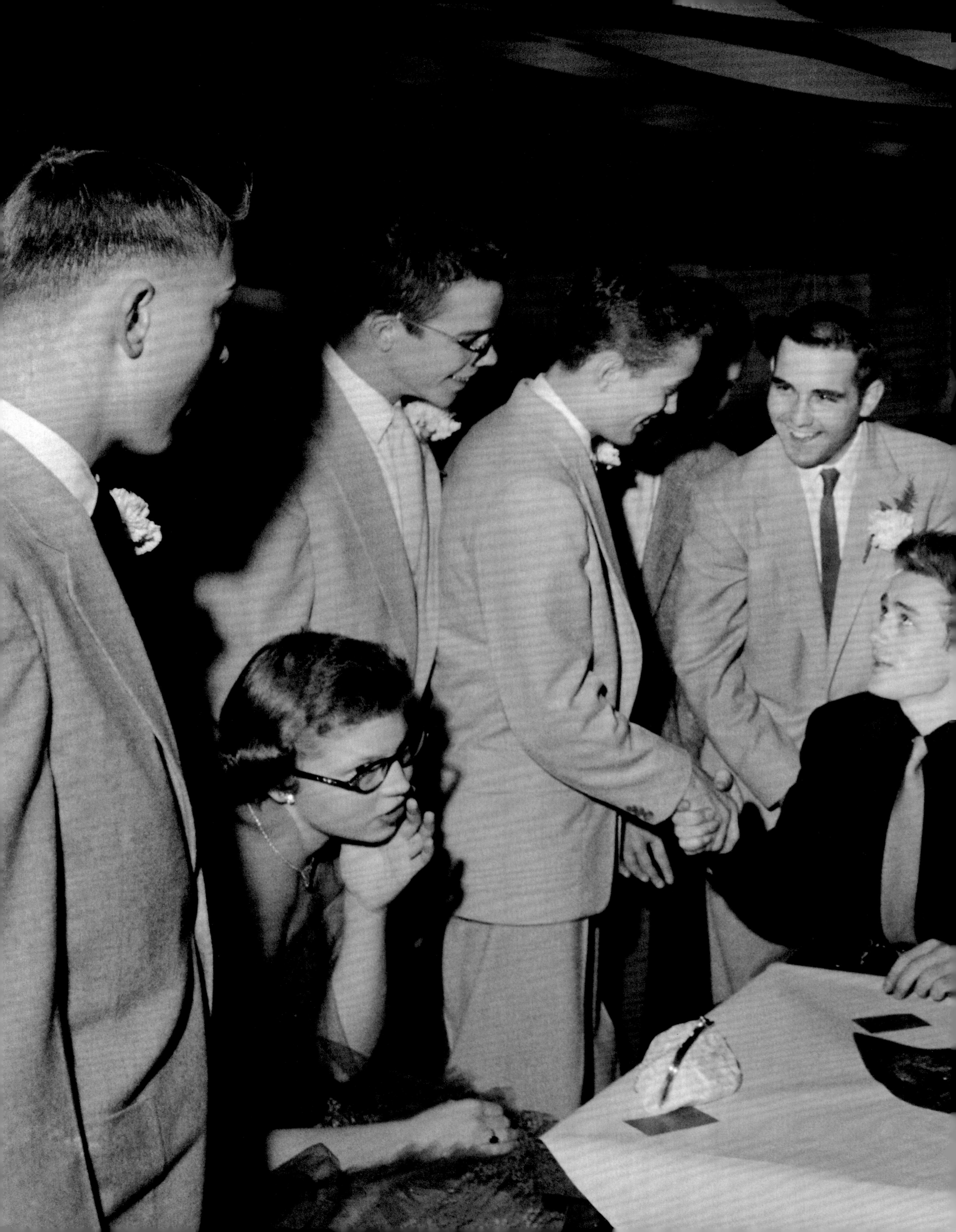

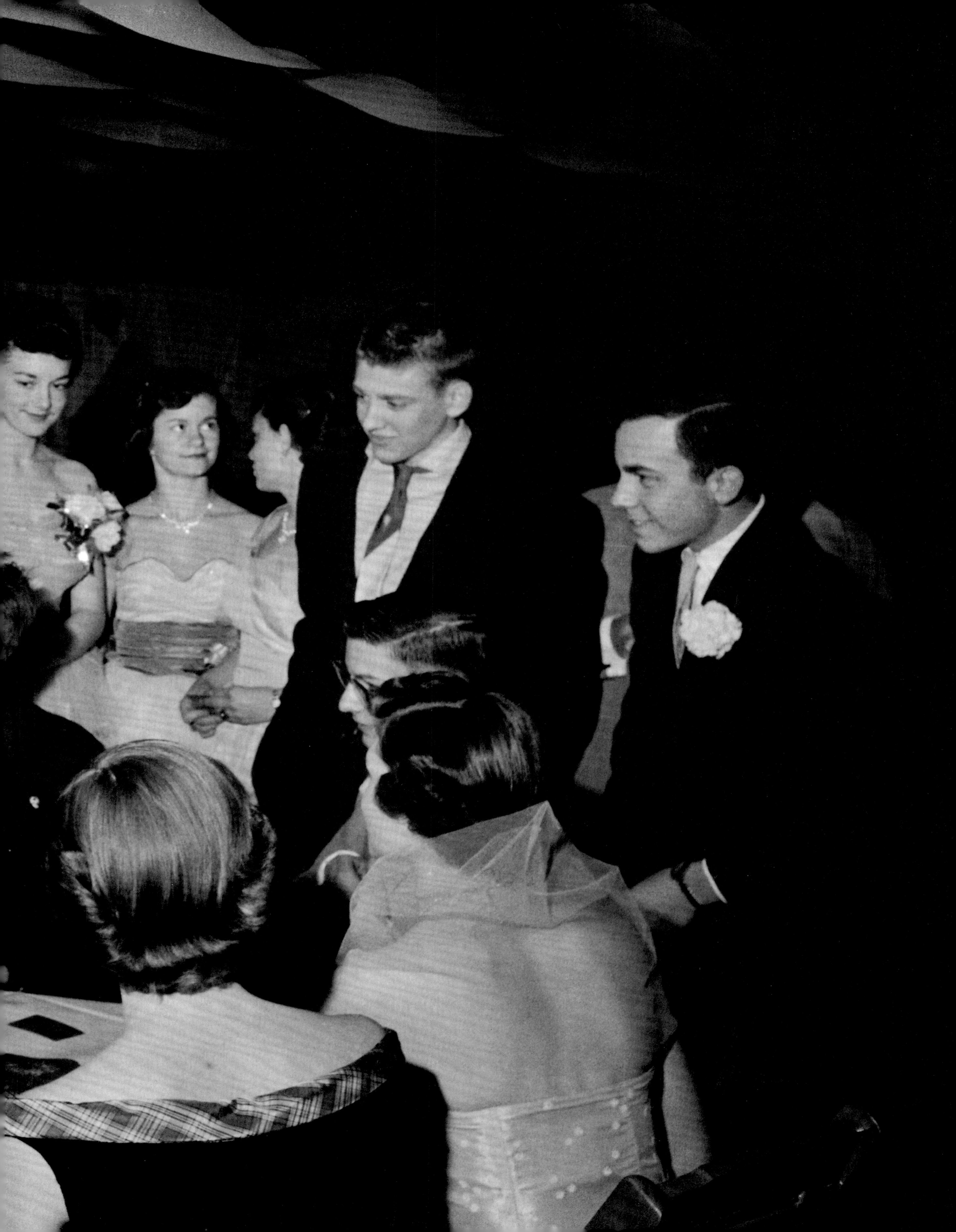

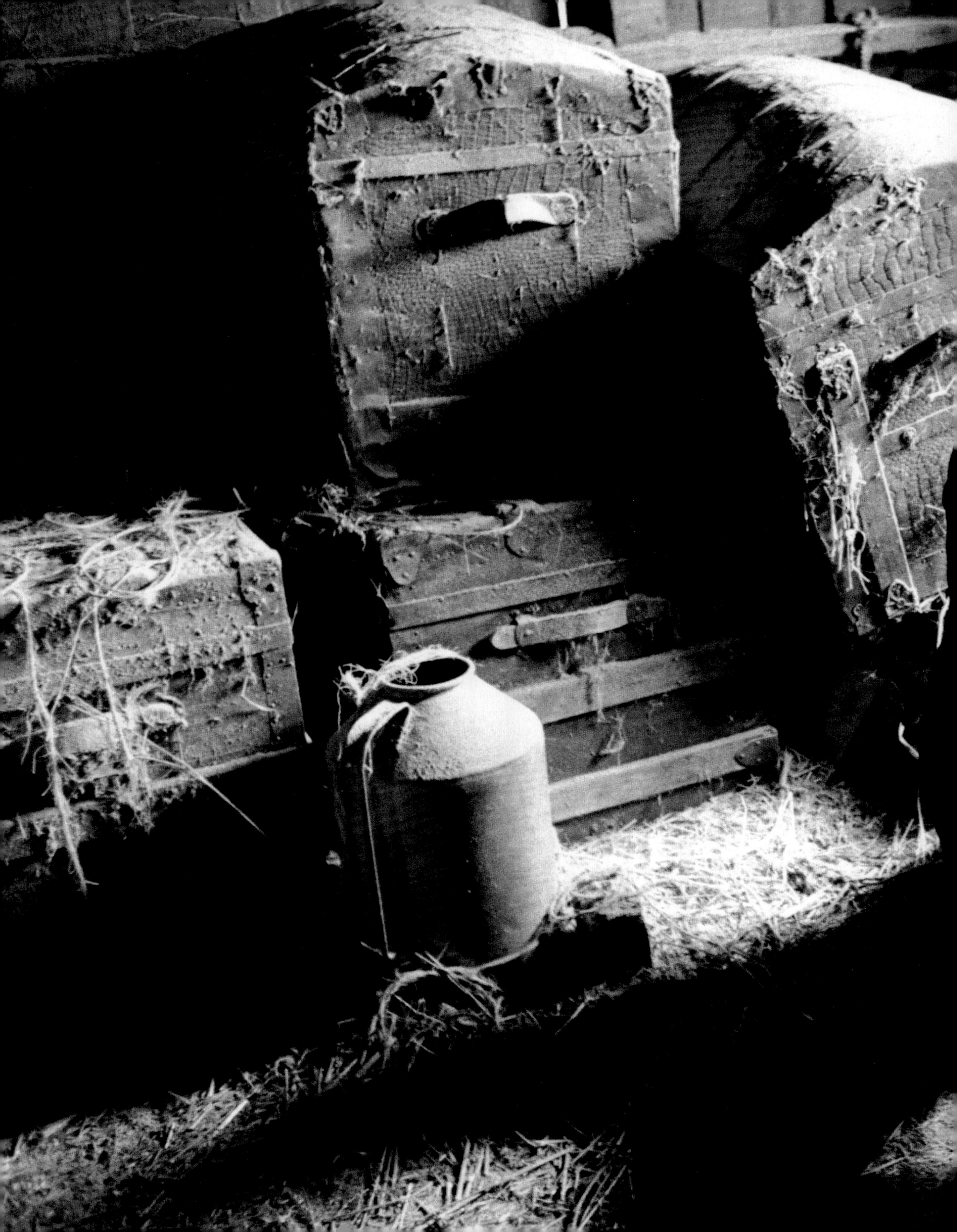

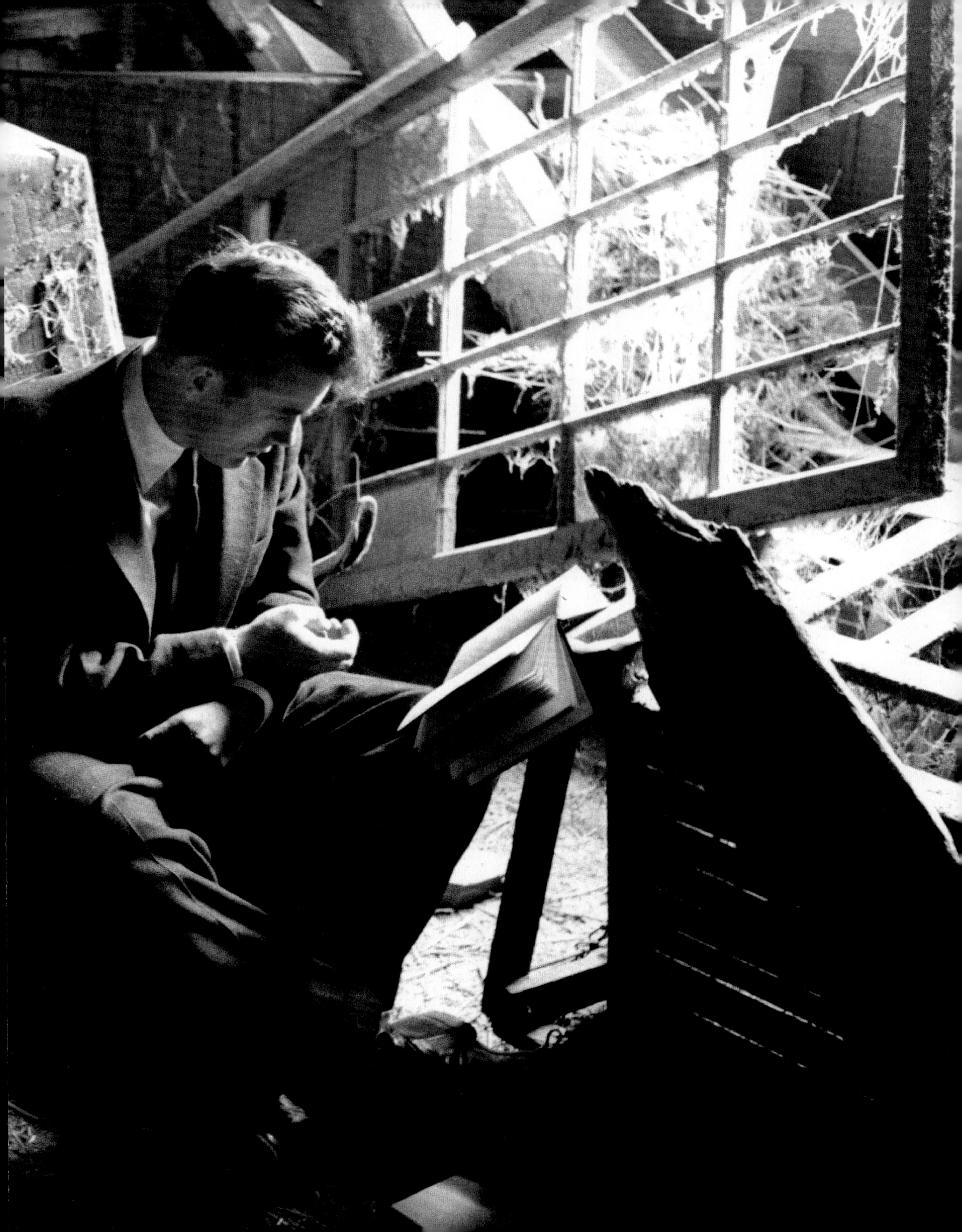

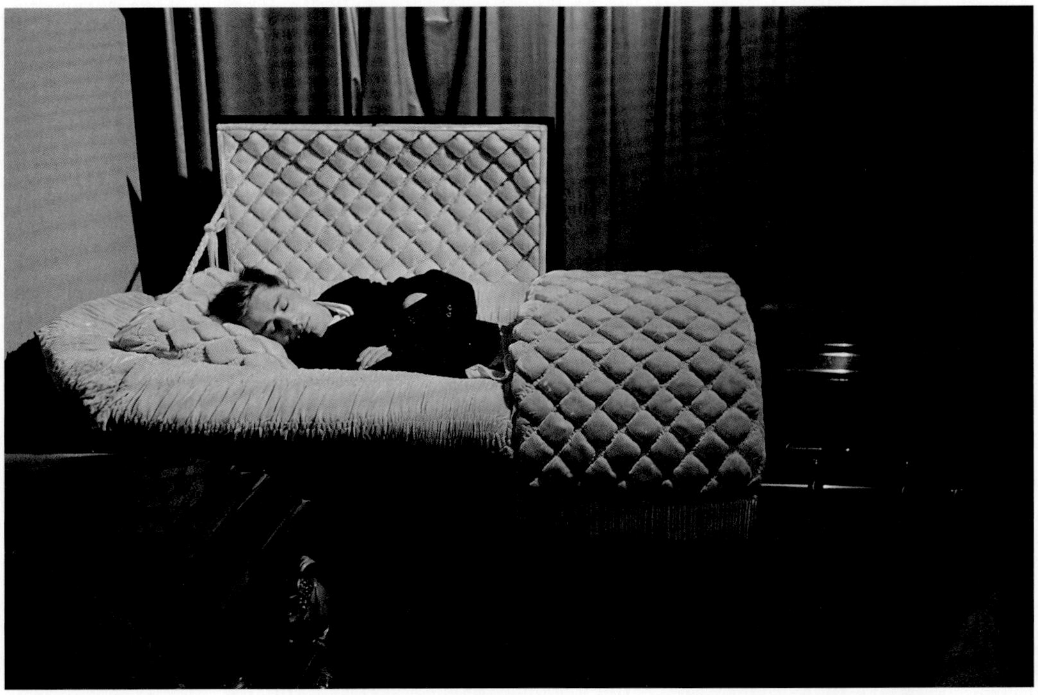

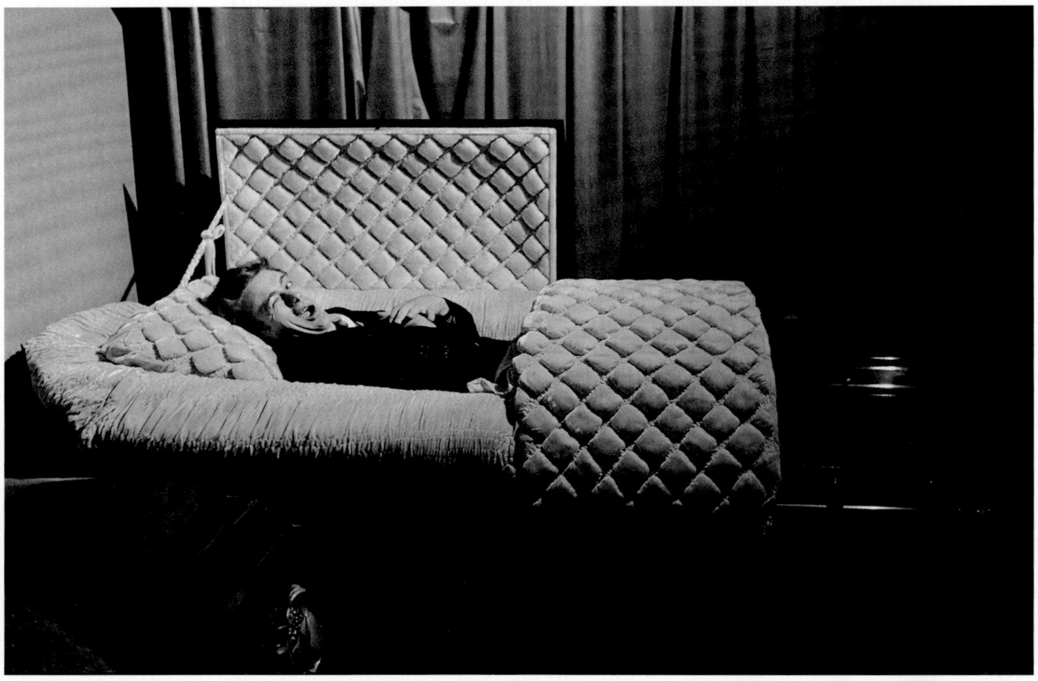

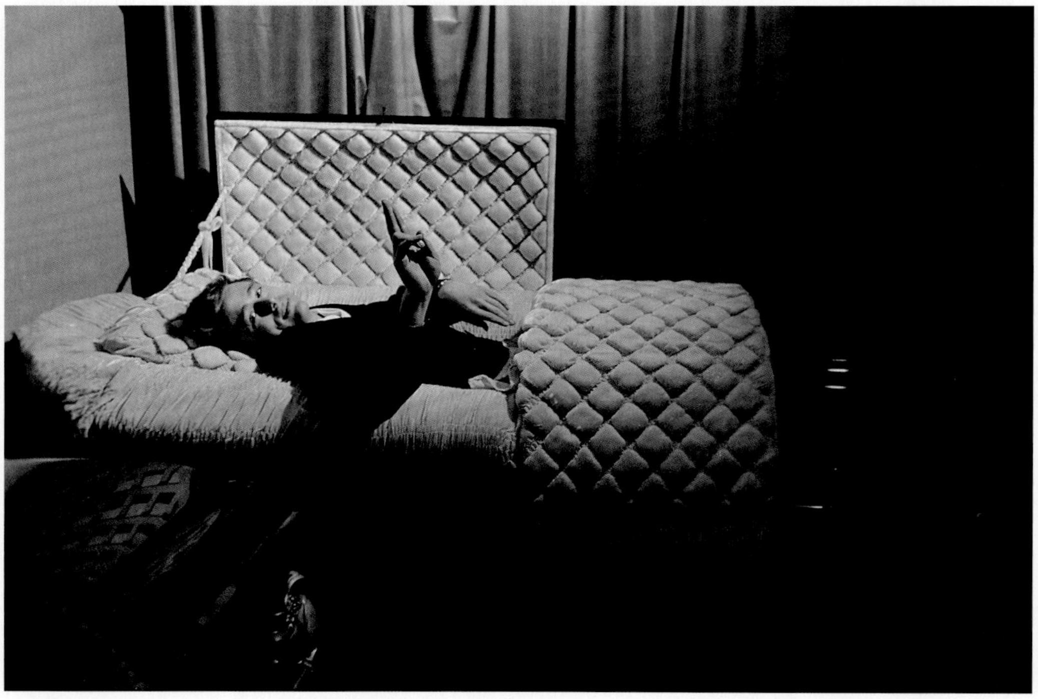

Jimmy posiert spielerisch in einem der Särge in Hunt's Furniture Store, einem Möbelladen in Fairmount.

»In dieser Welt gibt es keine wirkliche Chance für Größe. Wir sind in Beschränkung gefangen. Ein Fisch im Wasser hat keine andere Wahl, als im Wasser zu sein. Das Genie würde sich wünschen, dass er in Sand schwämme ... Wir sind Fische, und wir ertrinken.«
James Dean

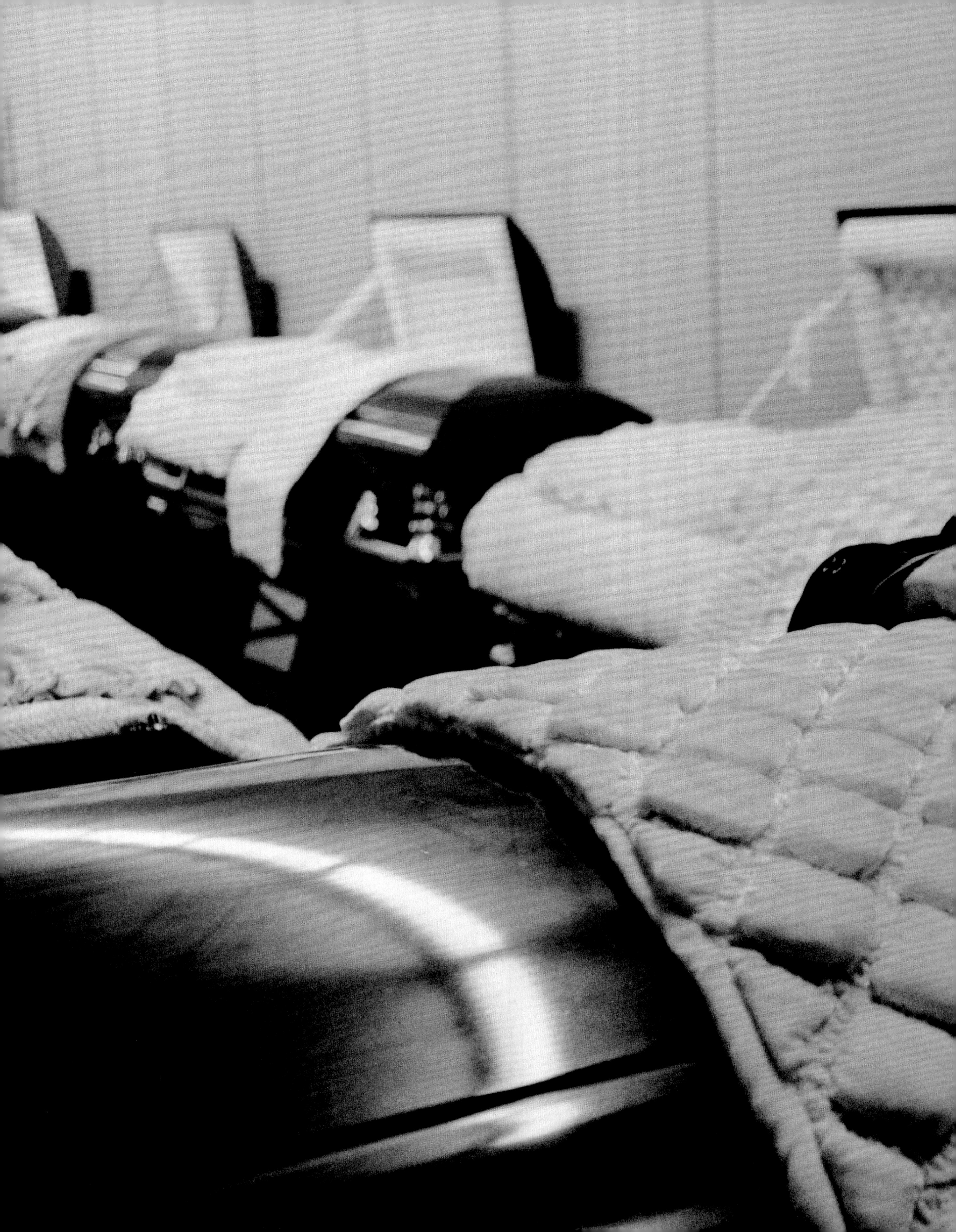

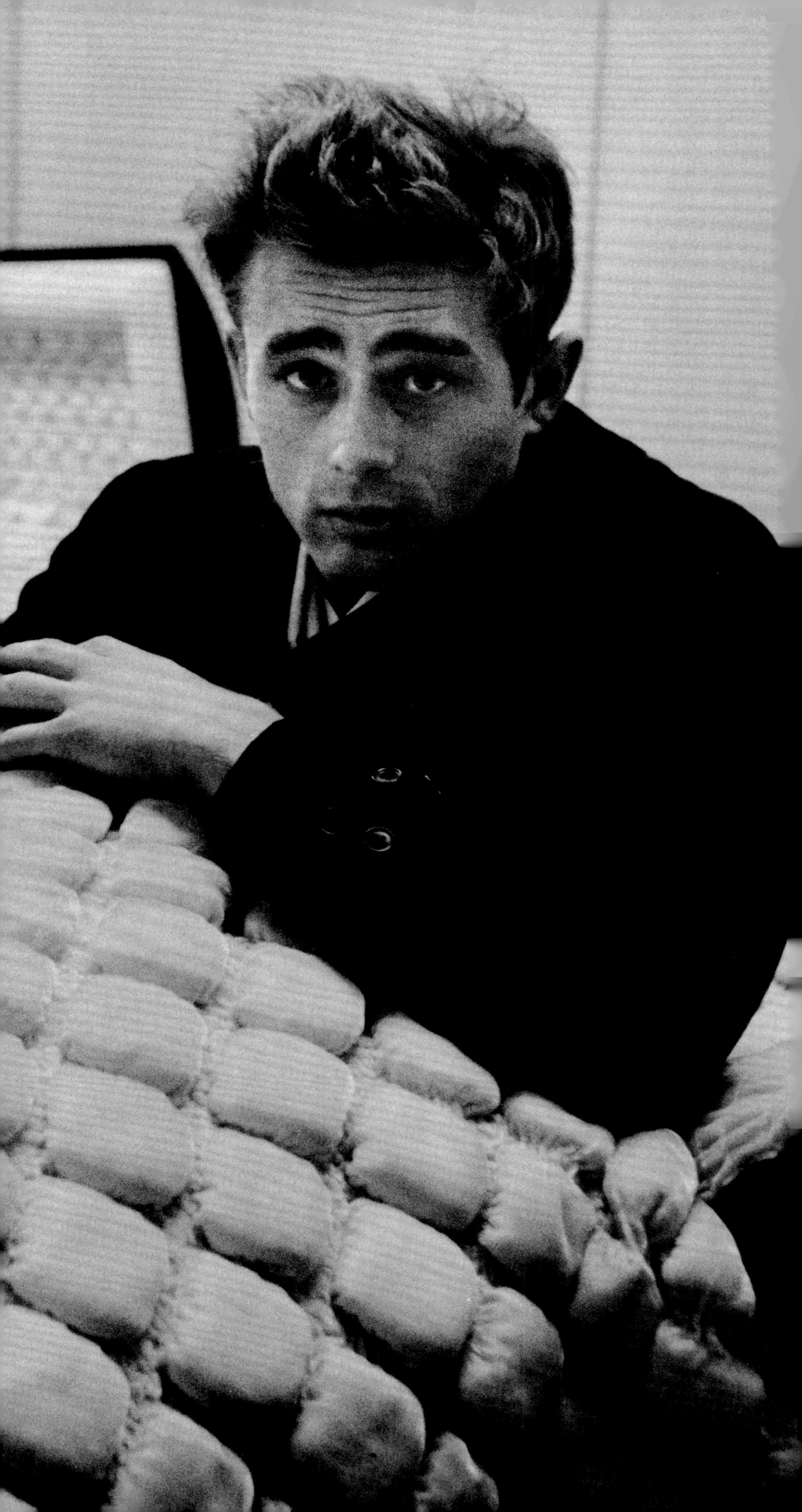

Adeline Nall war Jimmys Highschool- und Theaterlehrerin. Ihr ist es zu verdanken, dass er begann, an Schauspielwettbewerben und anderen anspruchsvollen Wettbewerben teilzunehmen. Jimmy gewann verschiedene Preise in Darstellender Kunst, Debattieren und Rhetorik.

Oben: **Jimmy auf der Bühne, auf der er zum ersten Mal auftrat.**

Folgende Doppelseite: **Das alte Klassenzimmer.**

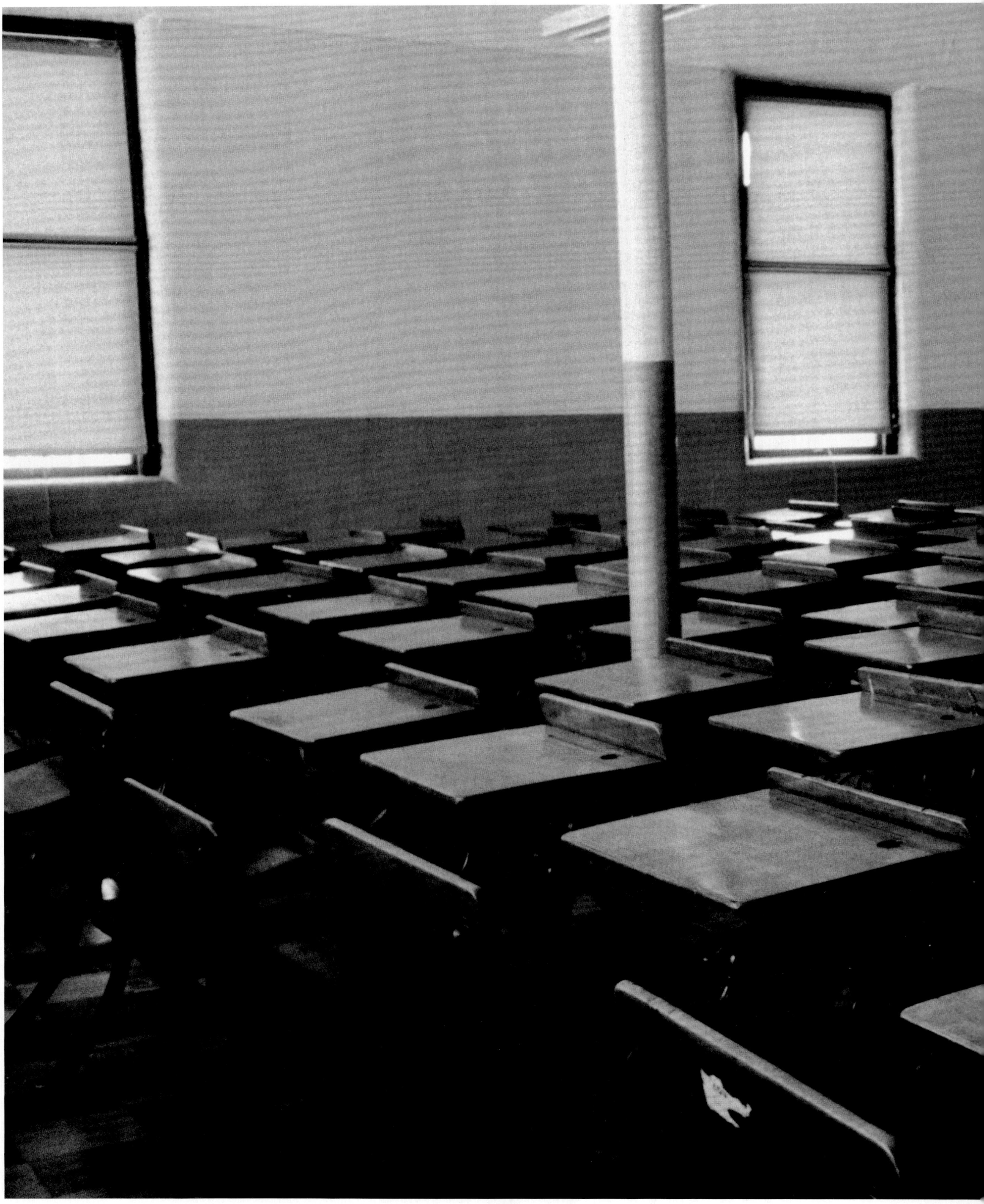

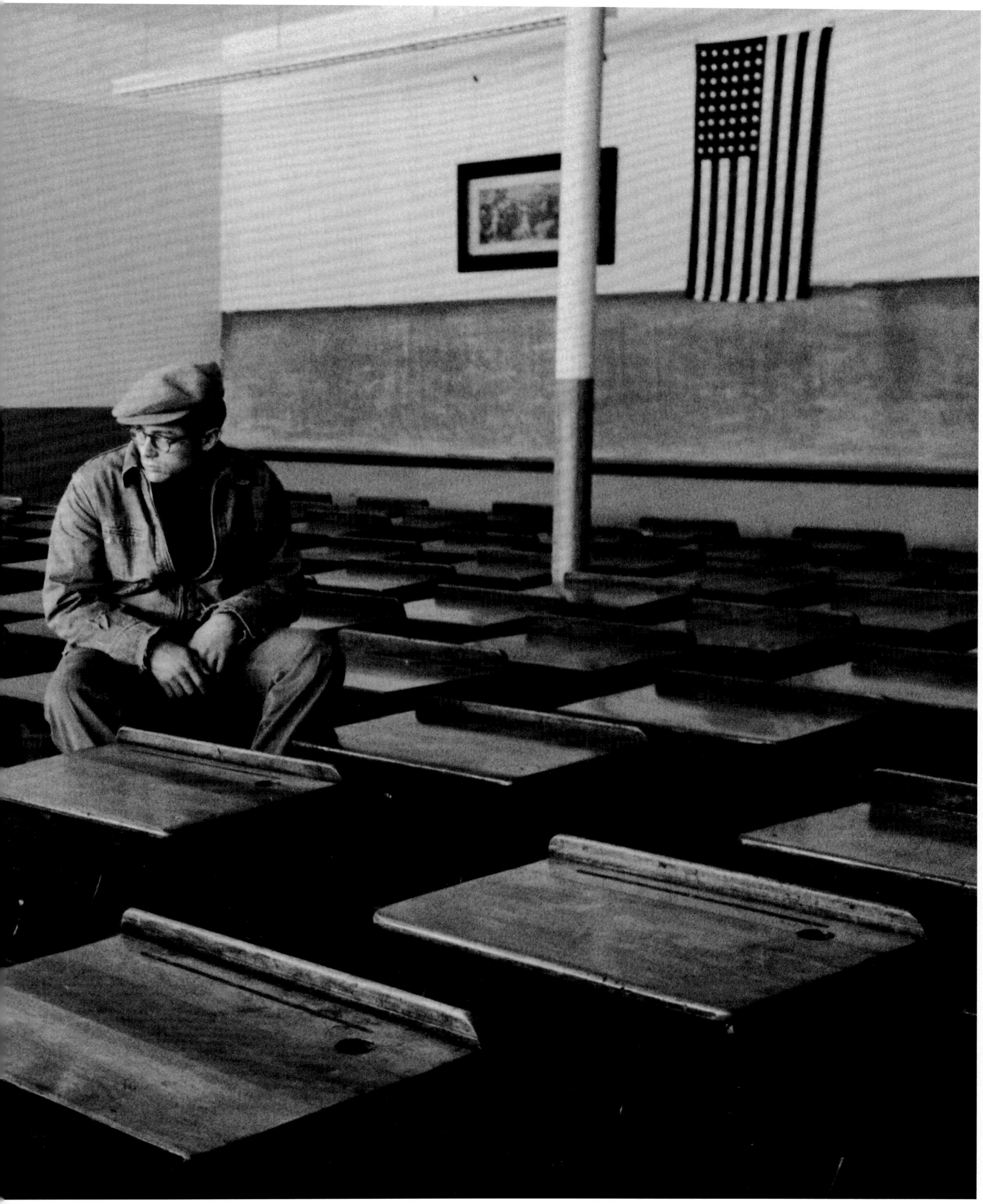

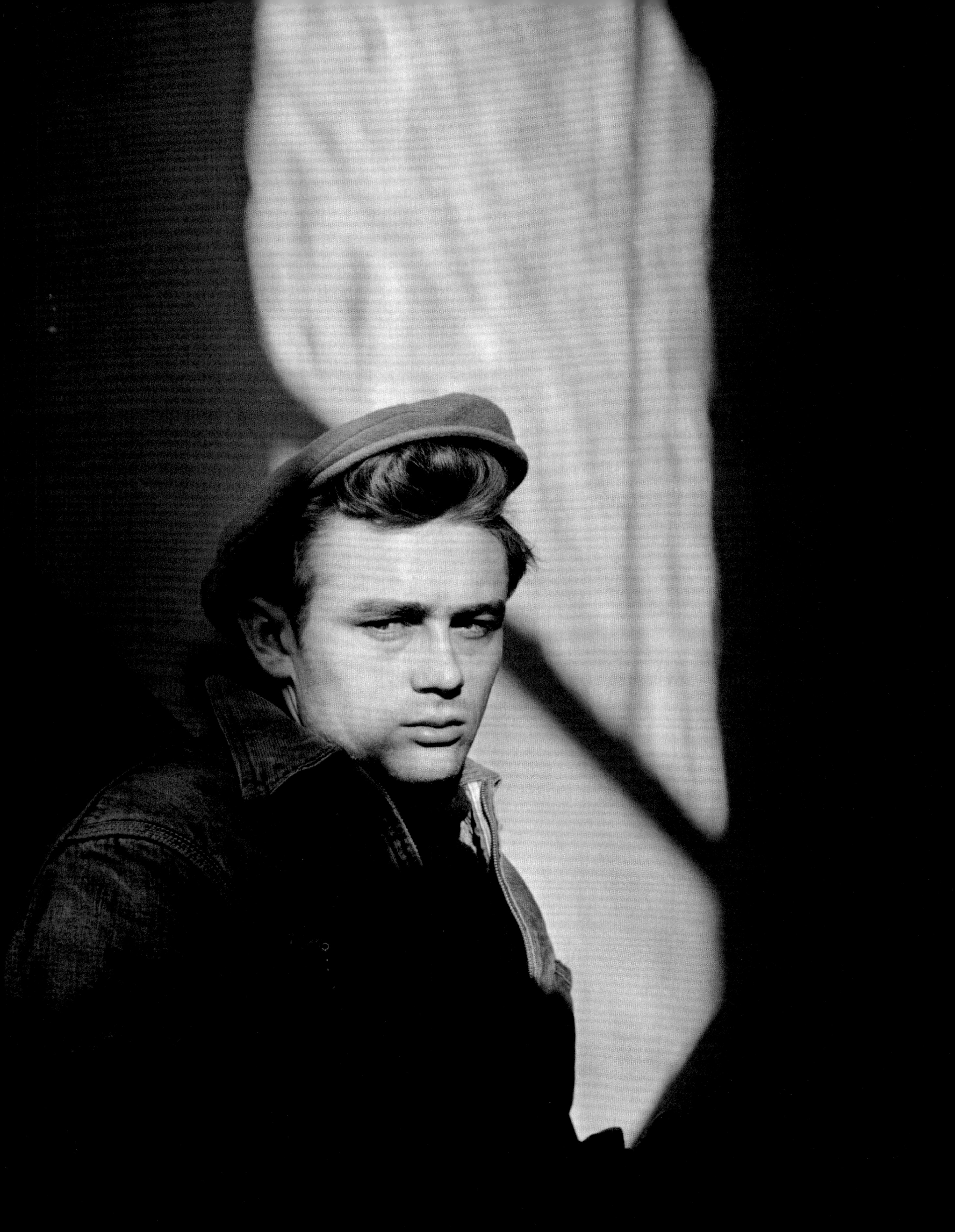

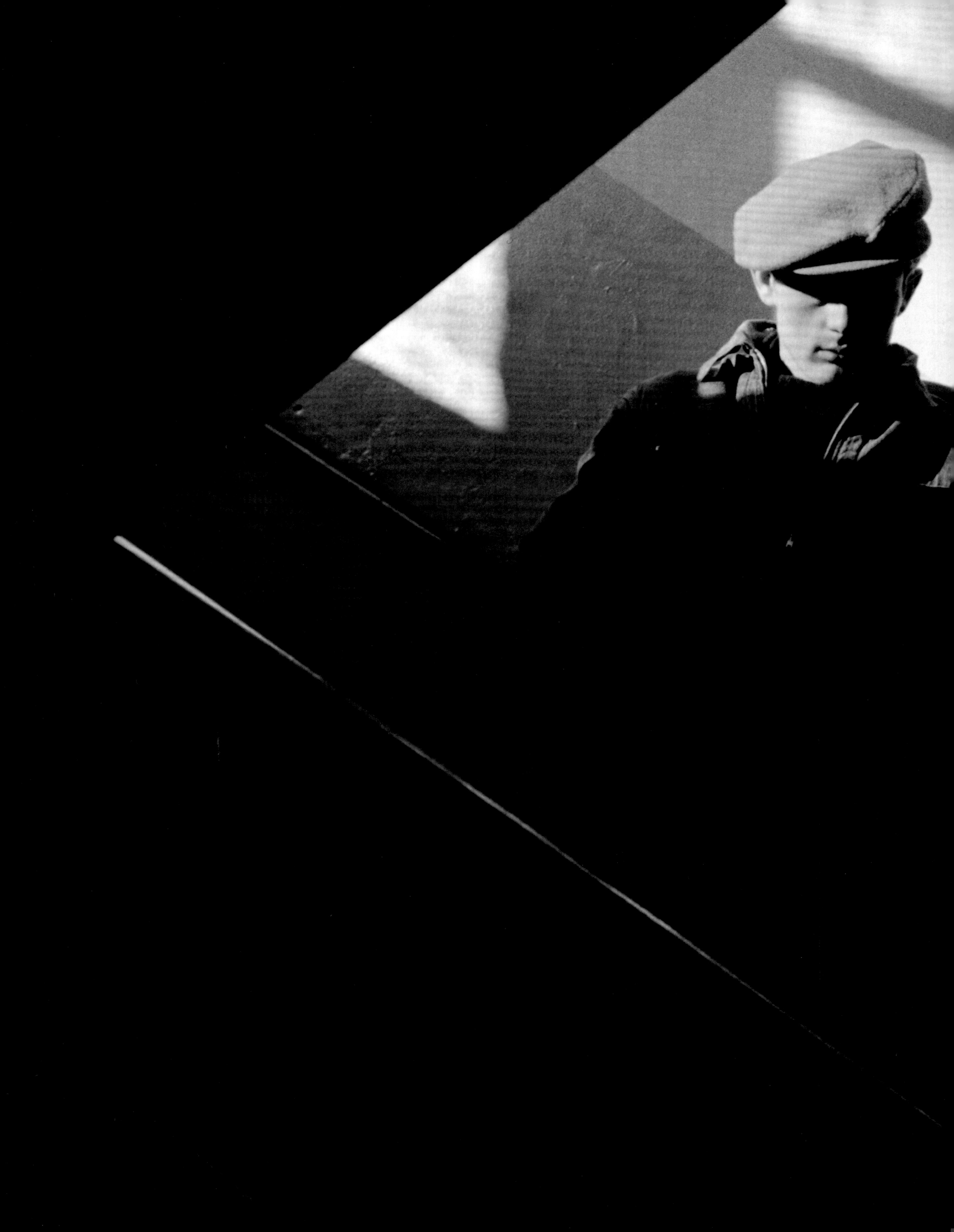

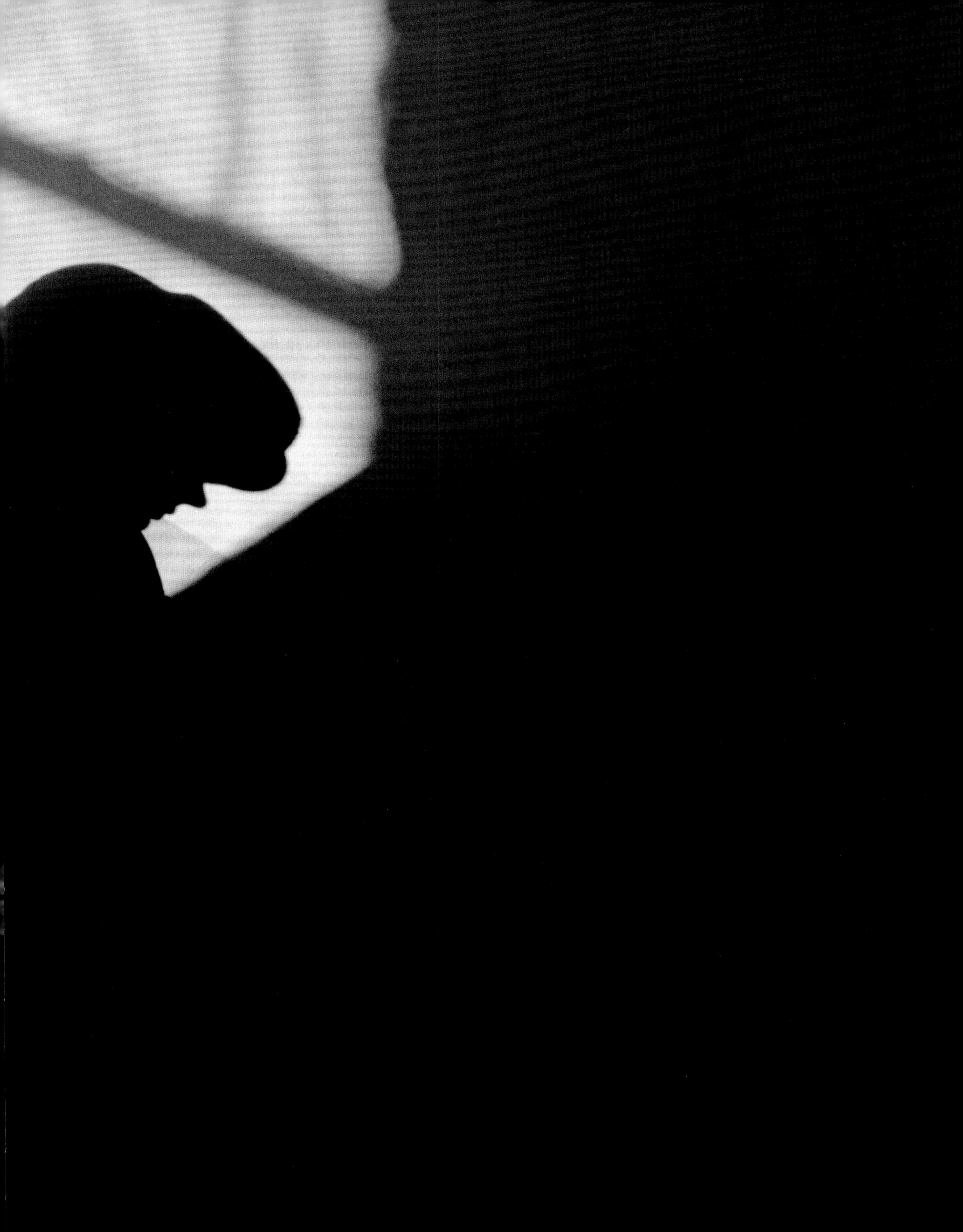

NEW YORK

Times Square. Hier hielt Jimmy sich häufig auf. In den Fünfzigern war New York für einen jungen Schauspieler der ultimative Ort. Die Theater florierten, und das Fernsehen lief gut. Das von Lee Strasberg geleitete Actors Studio erlebte seine Blütezeit. Als daher James Whitmore, Jimmys erster Schauspiellehrer in Los Angeles, zu ihm sagte: »Geh nach Osten, junger Mann«, machte Jimmy sich auf. Und in vieler Hinsicht fühlte er sich in New York heimischer als in Los Angeles.

Wir pflegten zusammen durch die Straßen New Yorks zu streifen, und es machte mir Spaß, Jimmy dabei zu fotografieren, wie er andere beobachtete. Er war sehr neugierig auf Menschen und liebte skurrile Situationen des Alltags. Ich staunte immer wieder, was er alles erlebte. Folgende Begebenheit war besonders seltsam: Eines Tages kam Jimmy an einem Geschäft vorbei und blieb stehen, um zu sehen, was eines der beiden kleinen Mädchen am Eingang in der Hand hielt. Es war der Kopf eines Huhns. Nur Jimmy geriet in solch surreale Situationen.

Wir gingen die sechste Straße hinunter, als Jimmy unweit des Rockefeller Centers plötzlich ein Möbelgeschäft entdeckte. »Schauspieler werden immer angeschaut«, sagte ich zu ihm. »Wie wäre es wohl, wenn Du drinnen wärst und hinausschautest? Ich könnte Fotos davon machen, wie die Leute reagieren, wenn du einfach nur dasitzt und hinausstarrst...« Wie die Leute reagierten? Die meisten bemerkten ihn, aber gingen weiter. Tatsächlich reagierten nur wenige: Doch so ist New York. Das Tempo der Stadt war in den Fünfzigern fast schon ebenso schnell wie heute. In einer Kleinstadt wäre die Sache anders verlaufen, aber in New York...

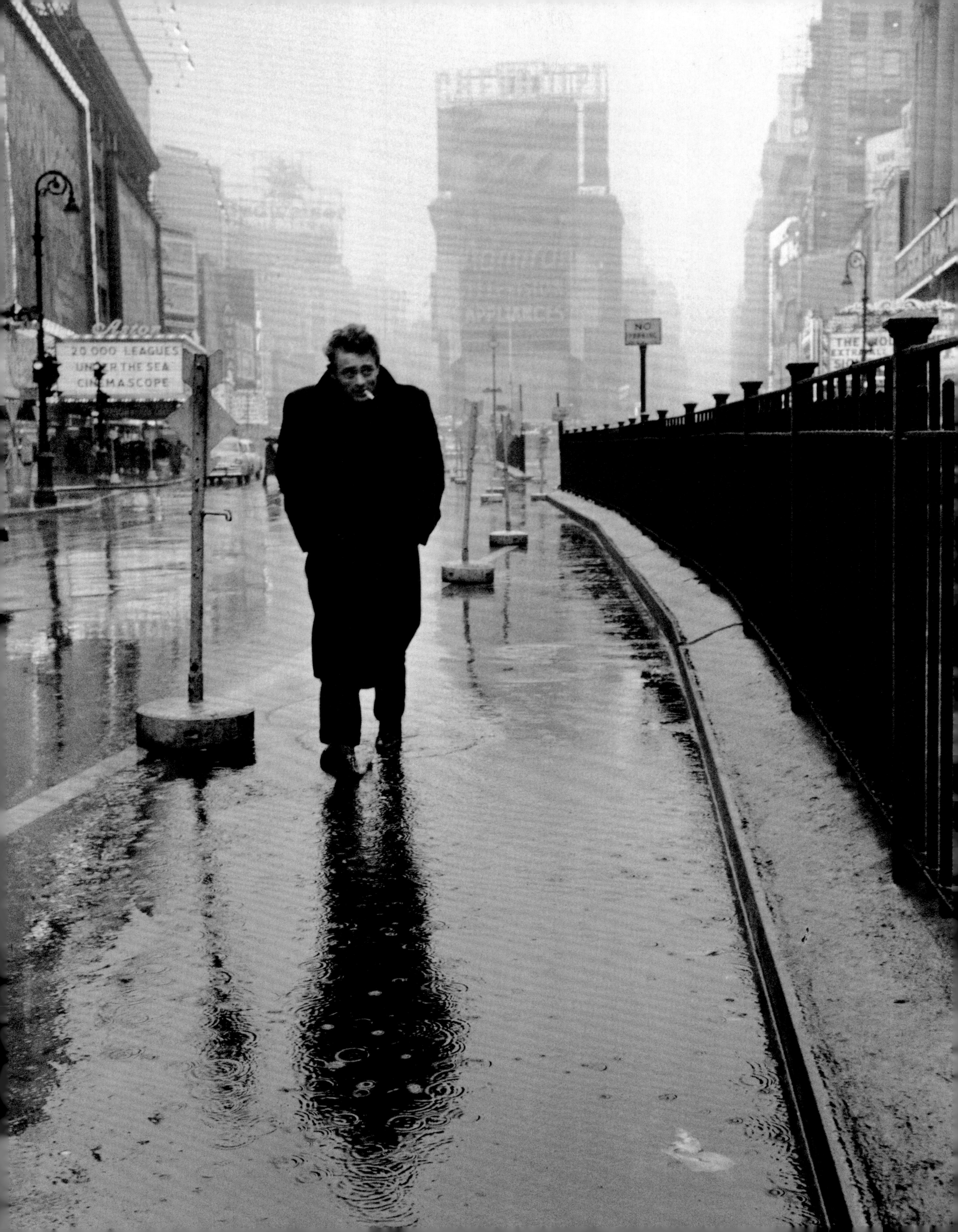
Astor
20.000 LEAGUES
UNDER THE SEA
CINEMASCOPE
NO

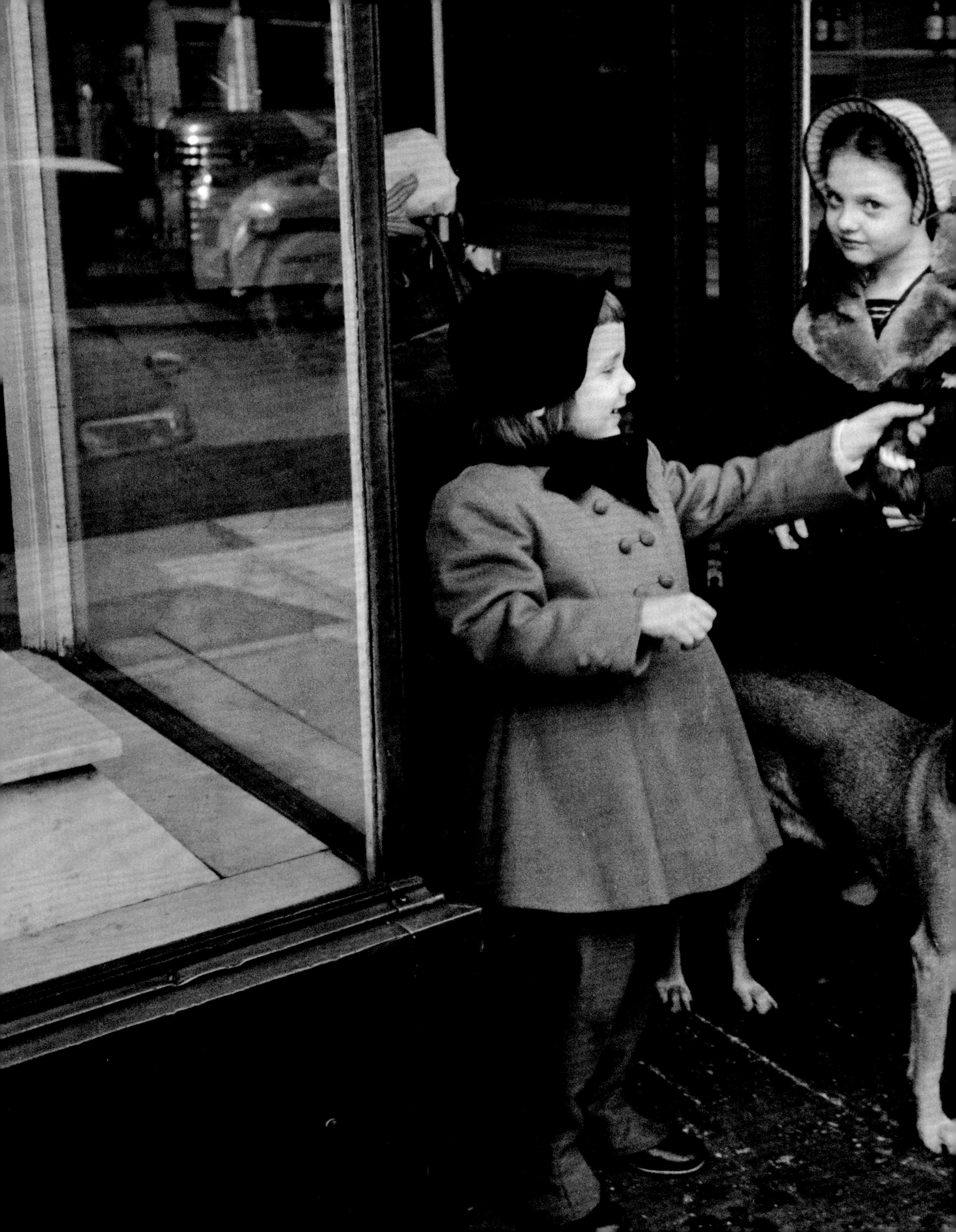

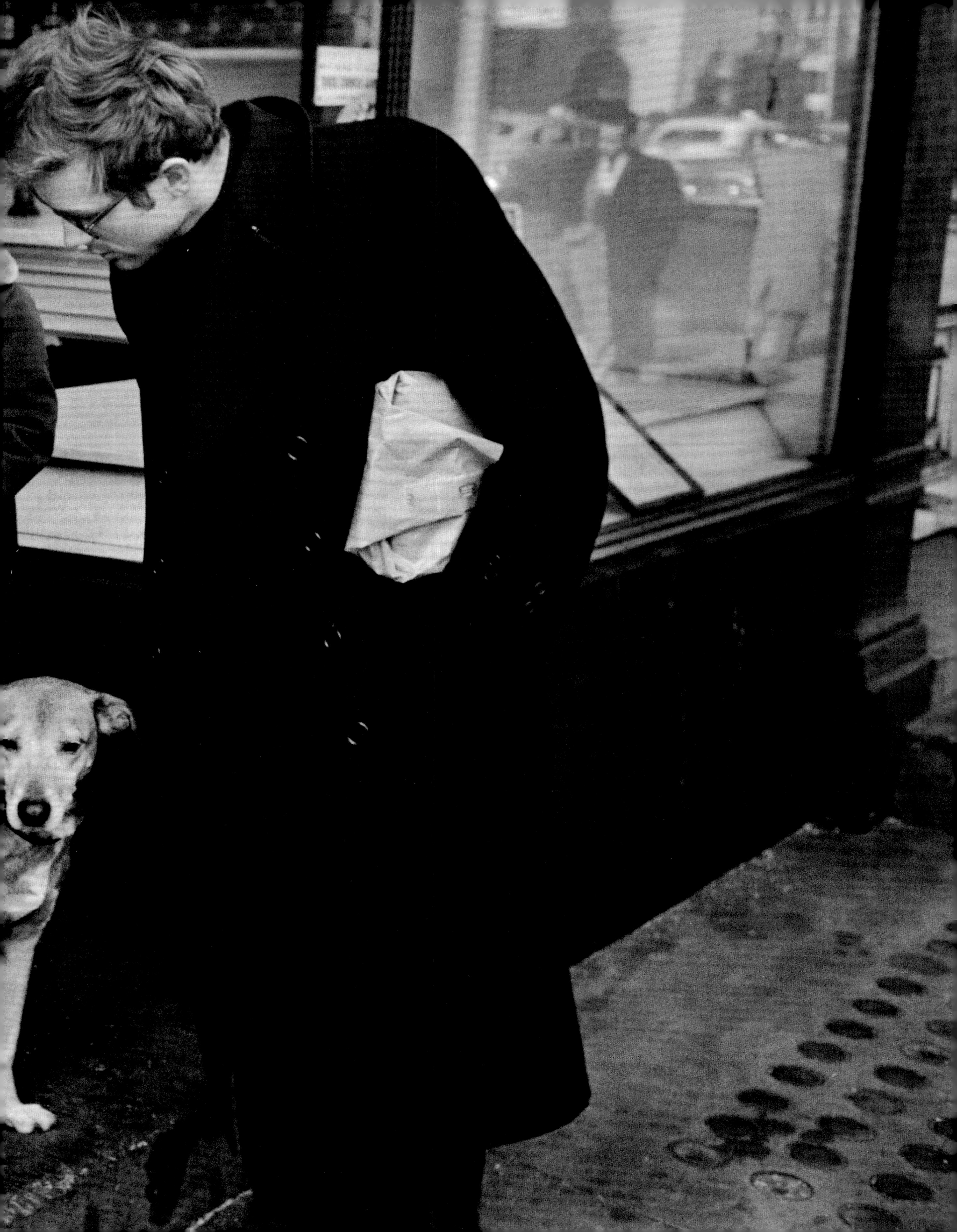

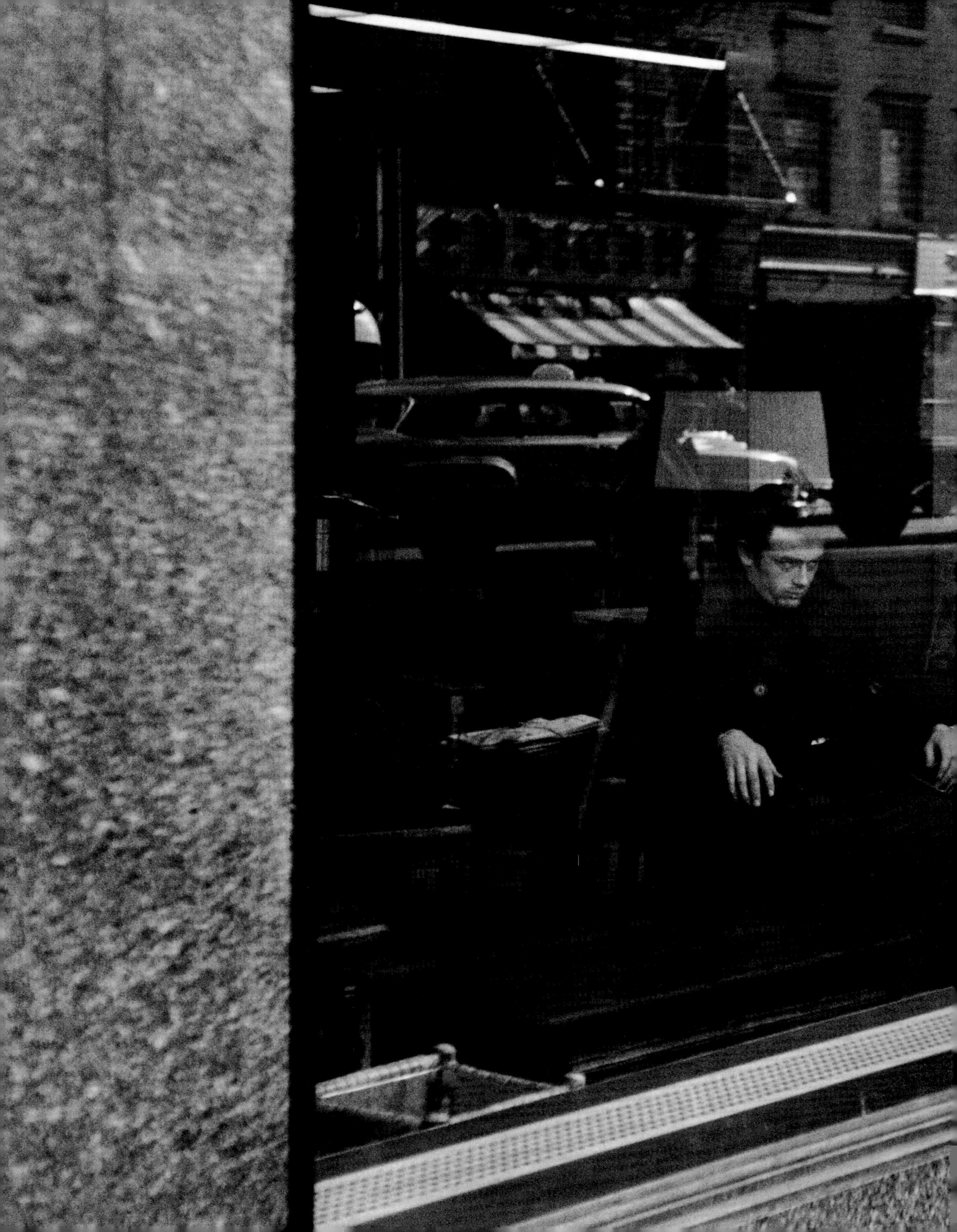

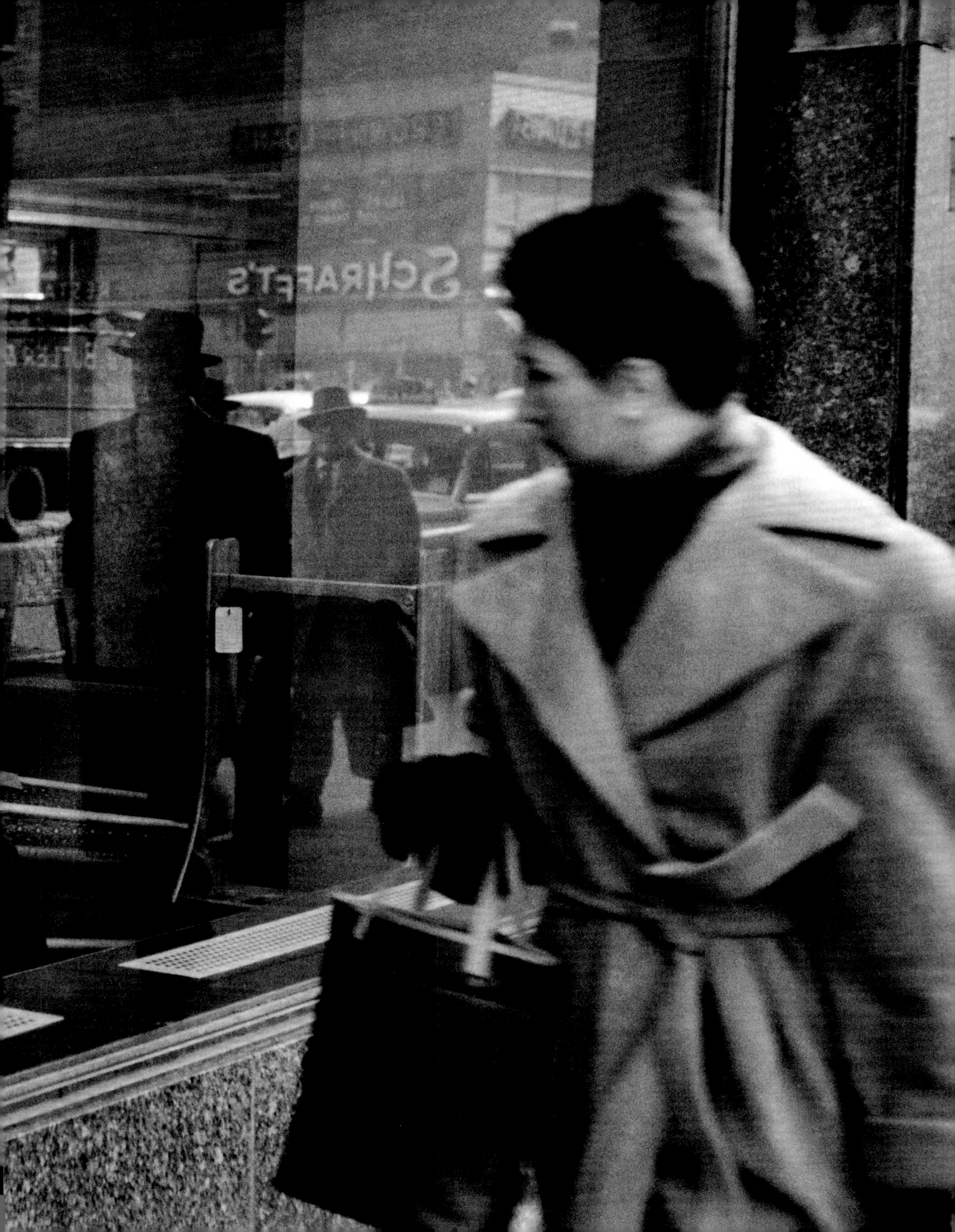

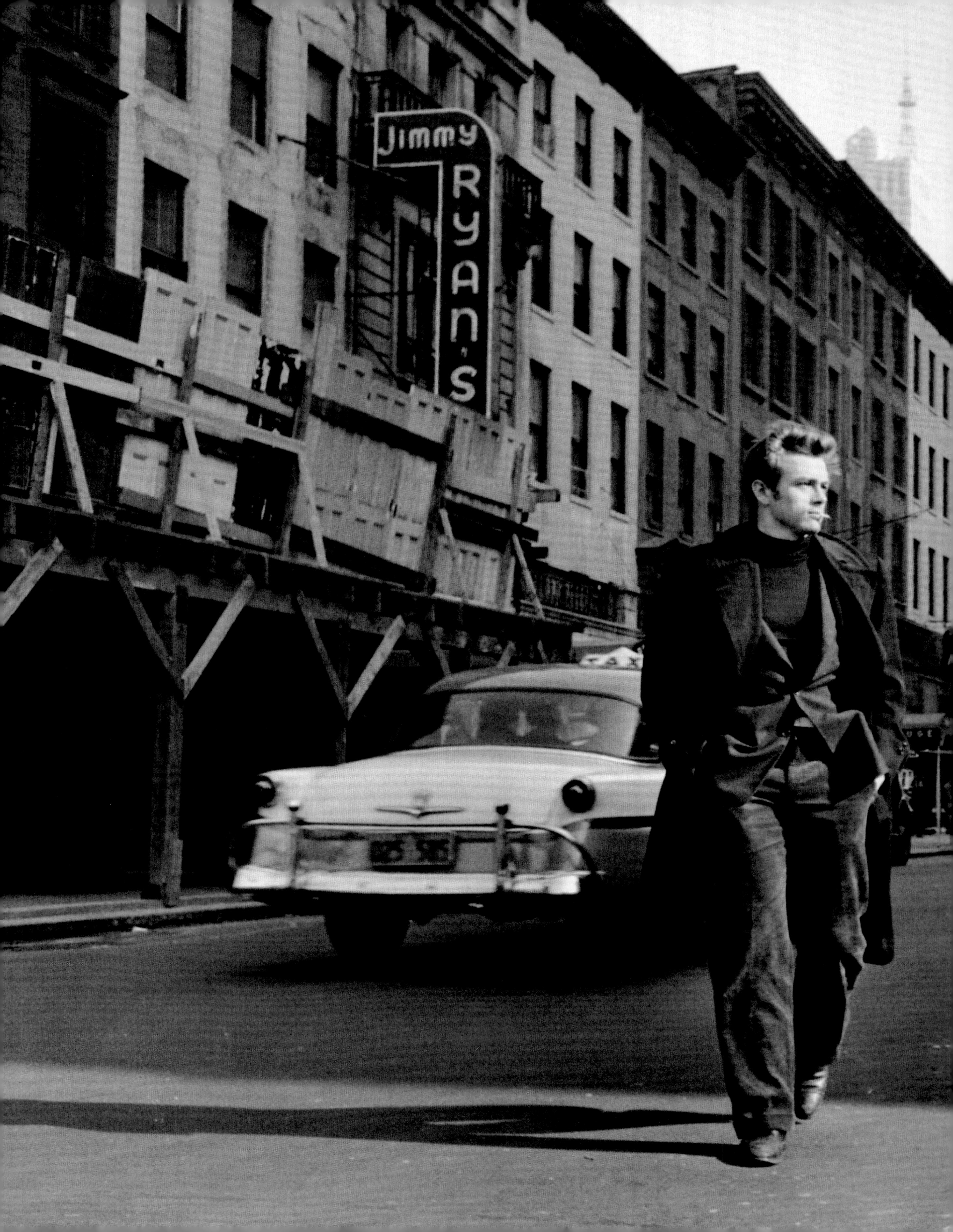
Jimmy
RYAN'S

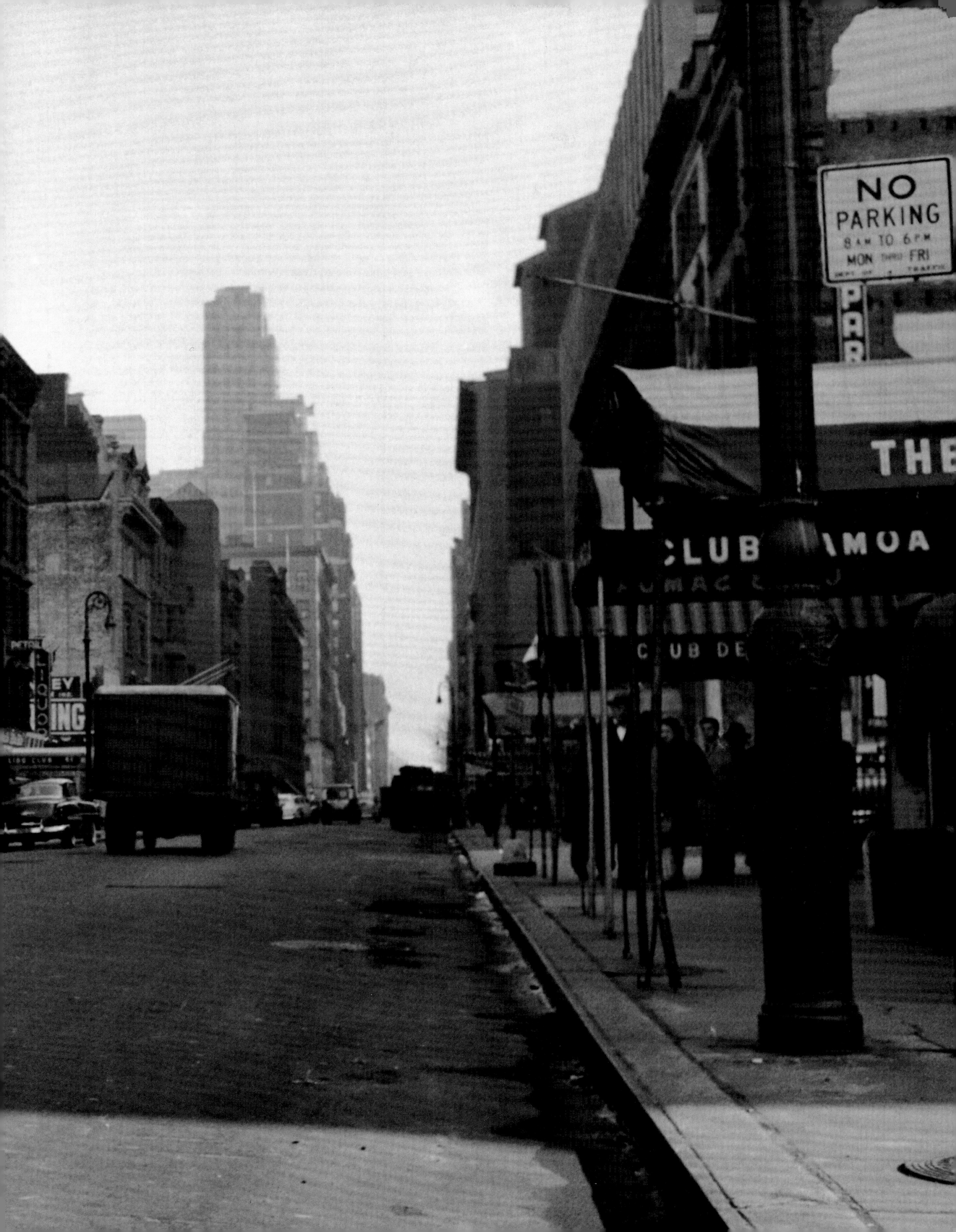
NO
PARKING
8 AM TO 6 PM
THE
CLUB
CLUB DE

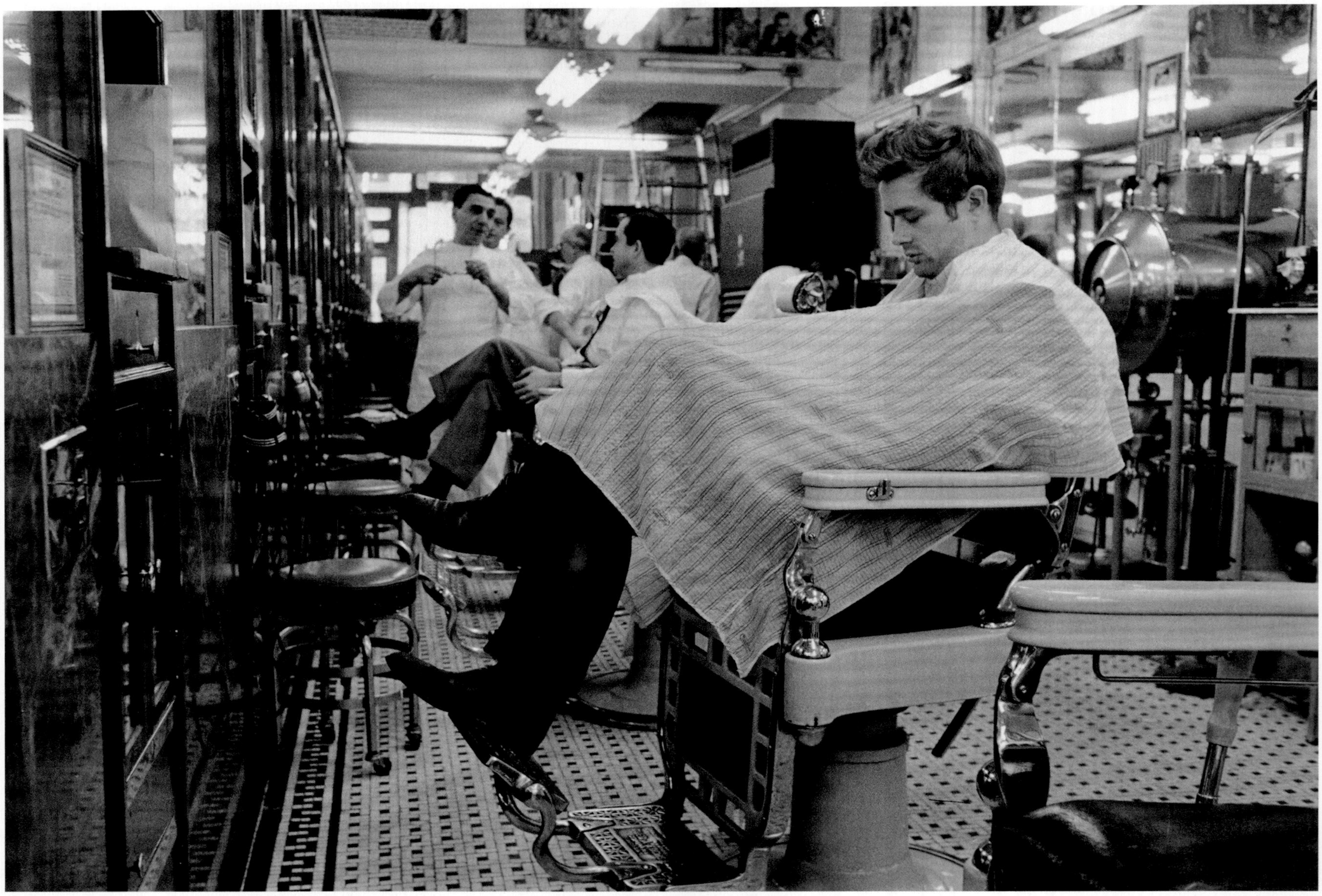

Jimmy stellte keinerlei Ansprüche an sein Aussehen. Vielmehr war es so, dass er sowohl zu förmlichen als auch zu zwanglosen Anlässen häufig wie ein struppiger Hund erschien. Was ihn eines Tages dazu bewegte, in dieses Friseurgeschäft unweit des Times Square, an dem wir vorbeikamen, zu gehen, vermag ich nicht zu sagen.

Seiten 80–81: Jimmy hatte Lee Strasbergs Unterricht im Actors Studio besucht, ehe Elia Kazan bei ihm wegen der Rolle des Cal in *Jenseits von Eden* anfragte. (»Dean ist Cal«, soll Kazan gesagt haben, nachdem er Jimmy gesehen hatte, und John Steinbeck gab rasch seine Zustimmung.) Wann immer Jimmy nach New York zurückkehrte, pflegte er seine Beziehungen zum Actors Studio. Wer genau hinschaut, erkennt auf diesem Foto von 1955 zweifellos verschiedene andere Schauspieler, die später zu Ruhm und Reichtum gelangten. Das Foto ist im wahrsten Sinne des Wortes eine Rarität, denn Strasberg ließ so gut wie nie zu, dass während seines Unterrichts fotografiert wurde.

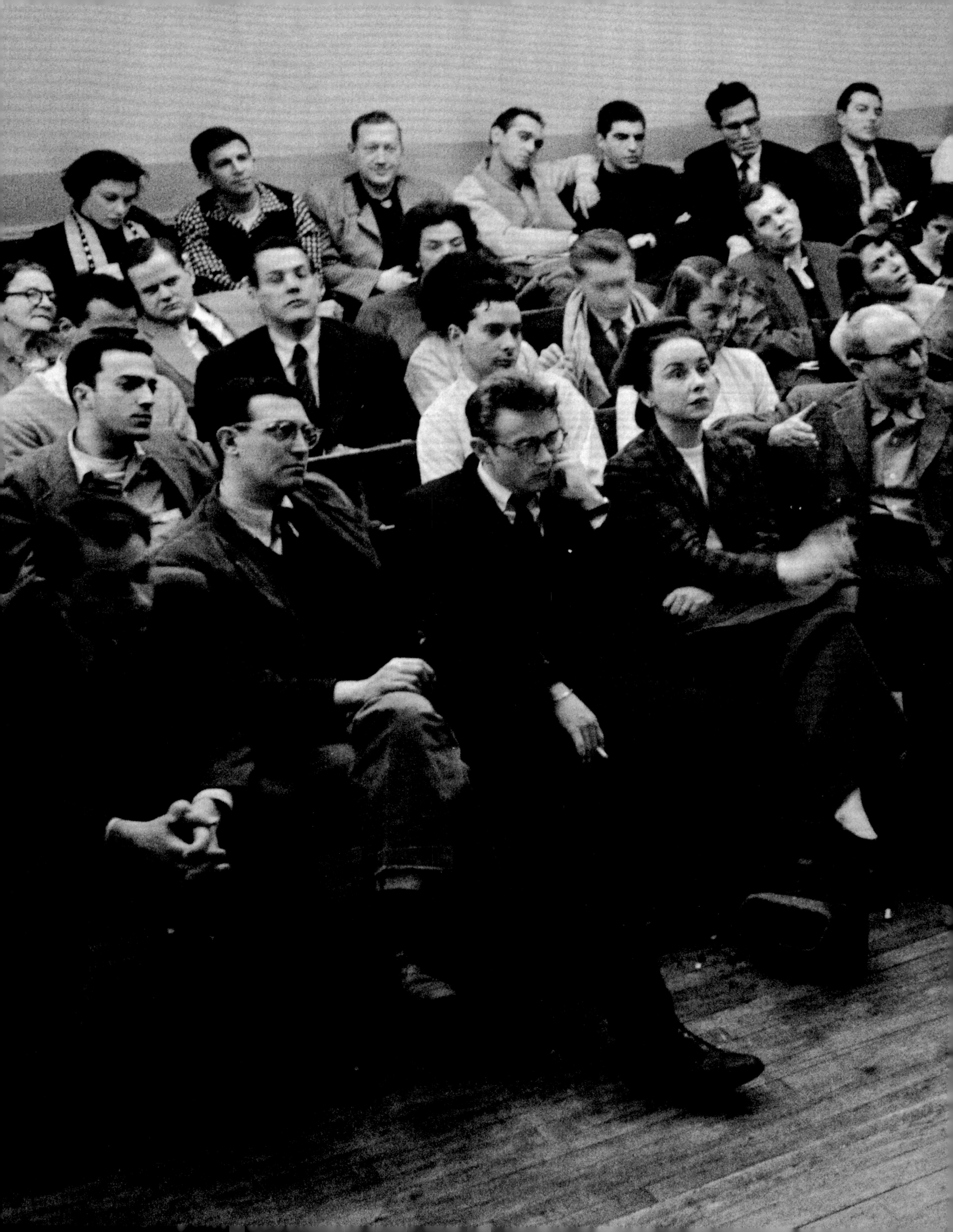

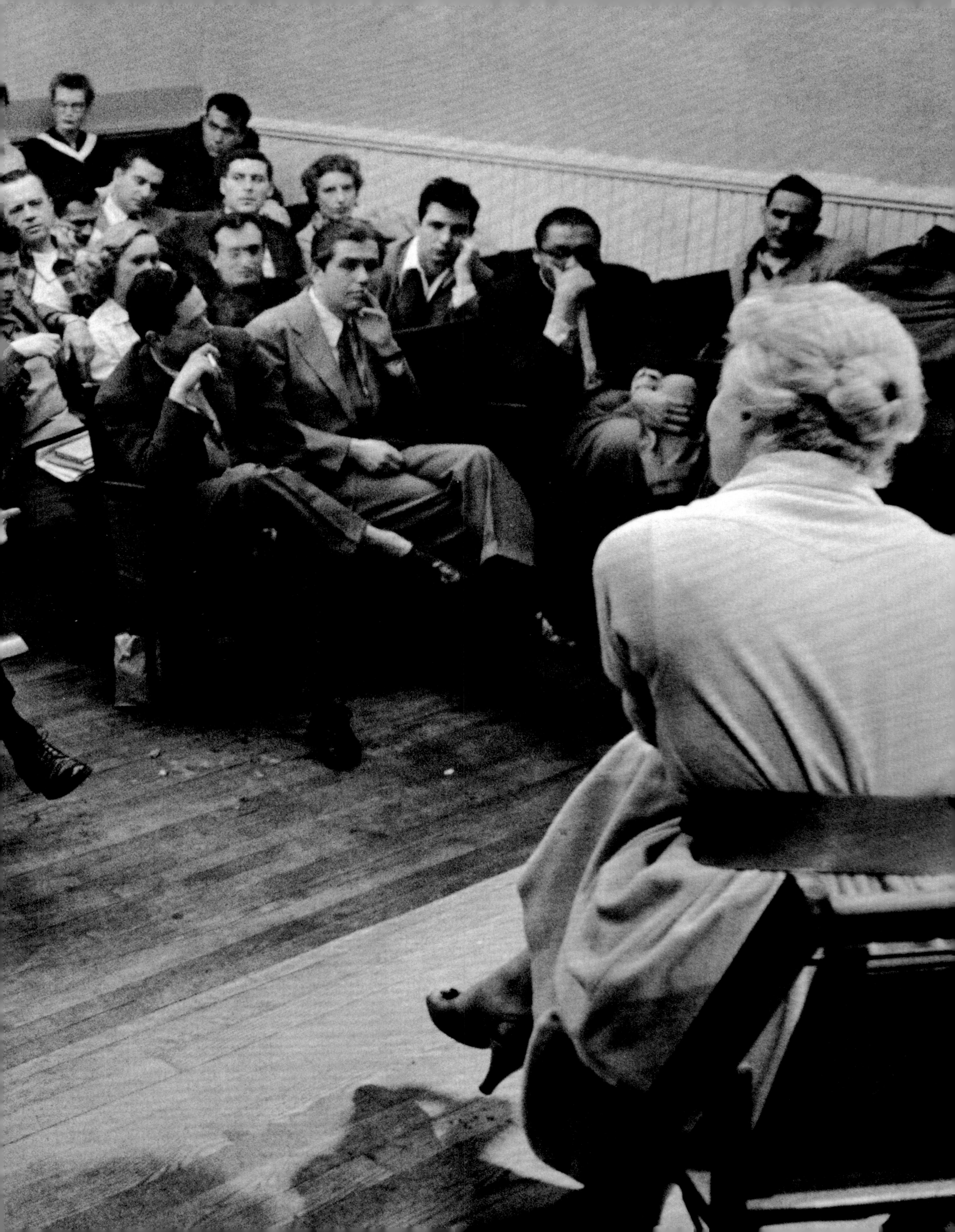

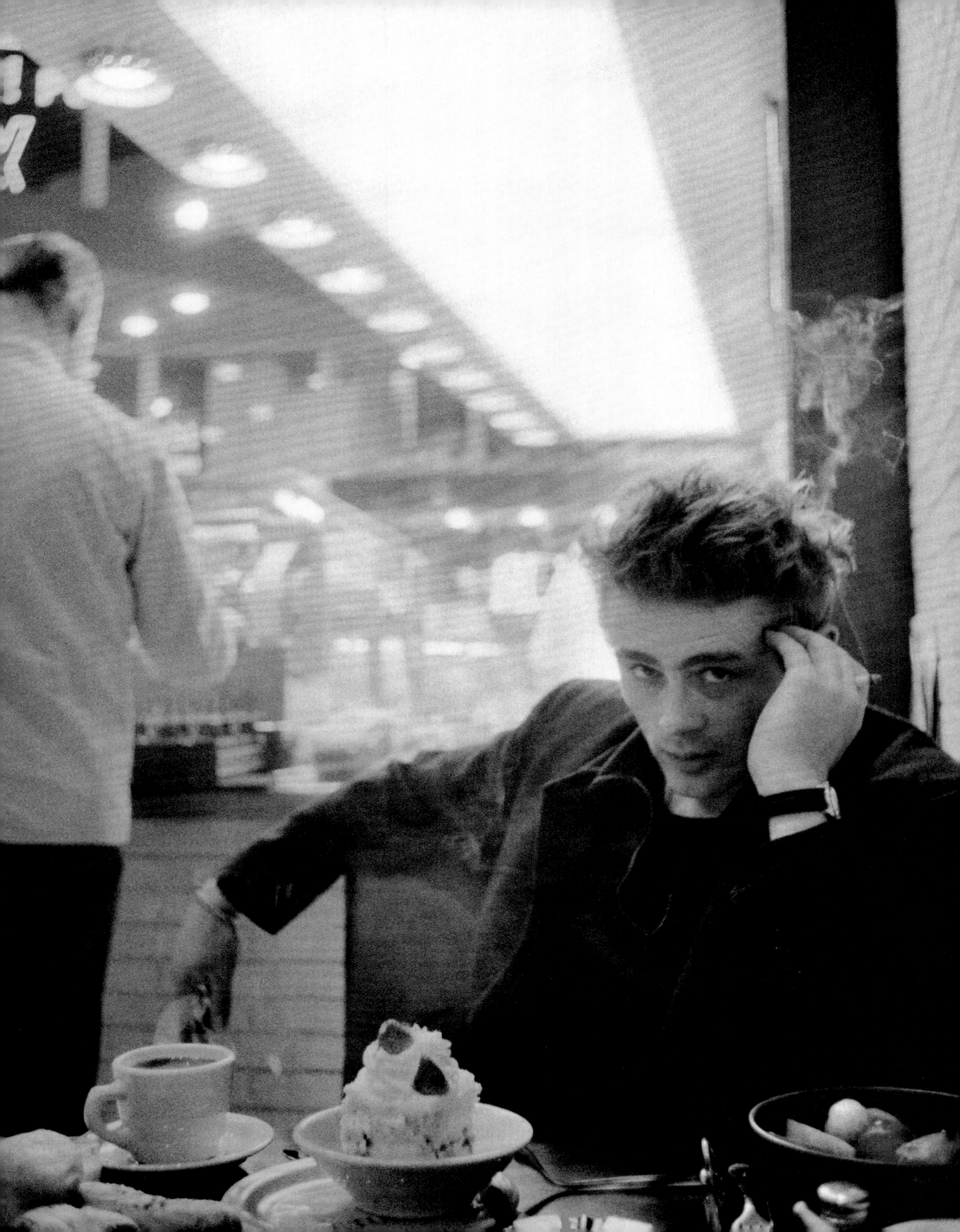

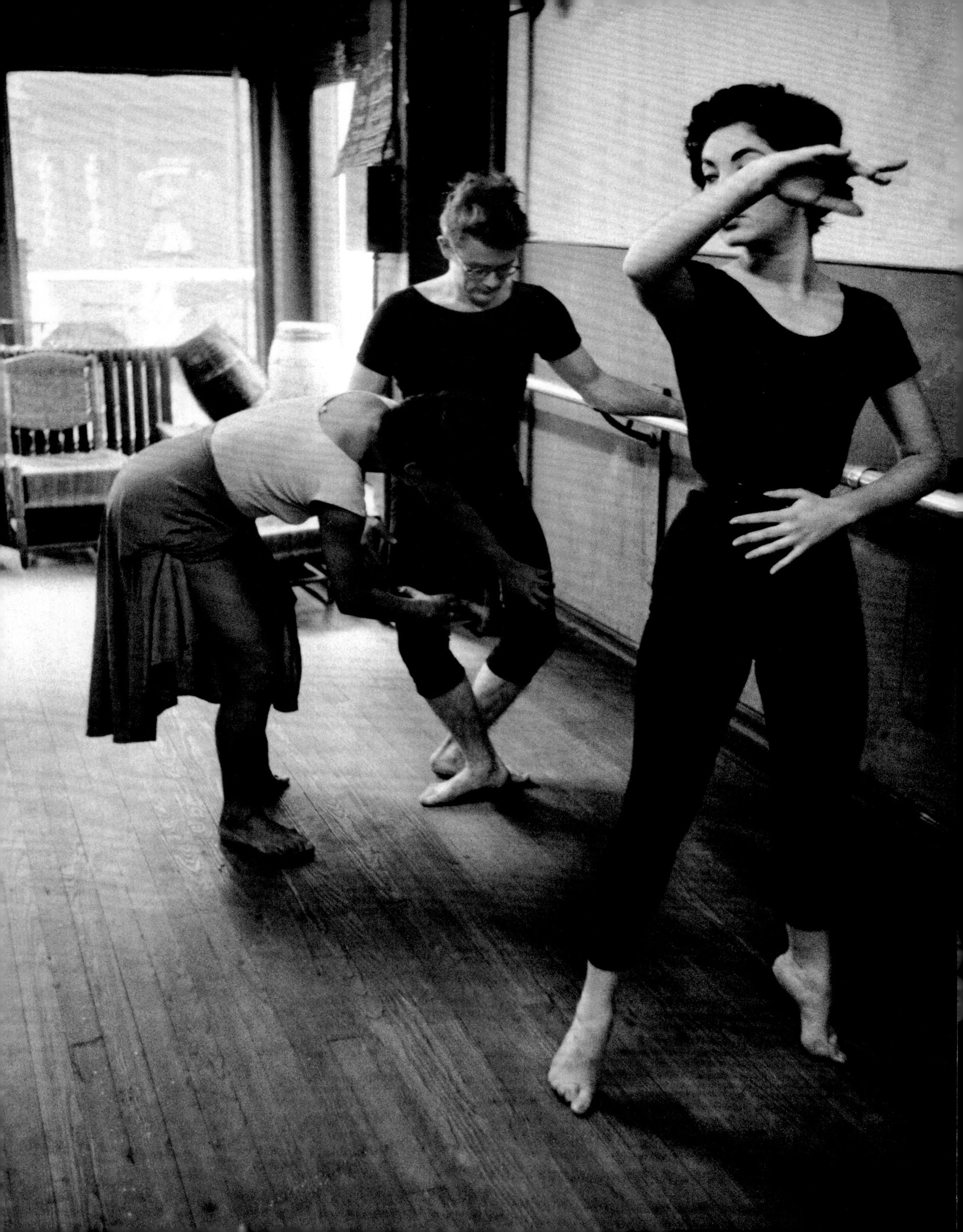

Während seiner Schauspielausbildung nahm Jimmy auch Tanzunterricht. Ich bin geneigt zu sagen, es zeigt, wie ernst Jimmy seine künstlerische Arbeit nahm. Tatsache aber ist, dass er einfach alles ausprobierte: Bongotrommeln, afrikanischen Jazz, Tanz. Hier trainiert er in Katherine Dunhams Klasse, wo er auch Eartha Kitt kennen lernte.

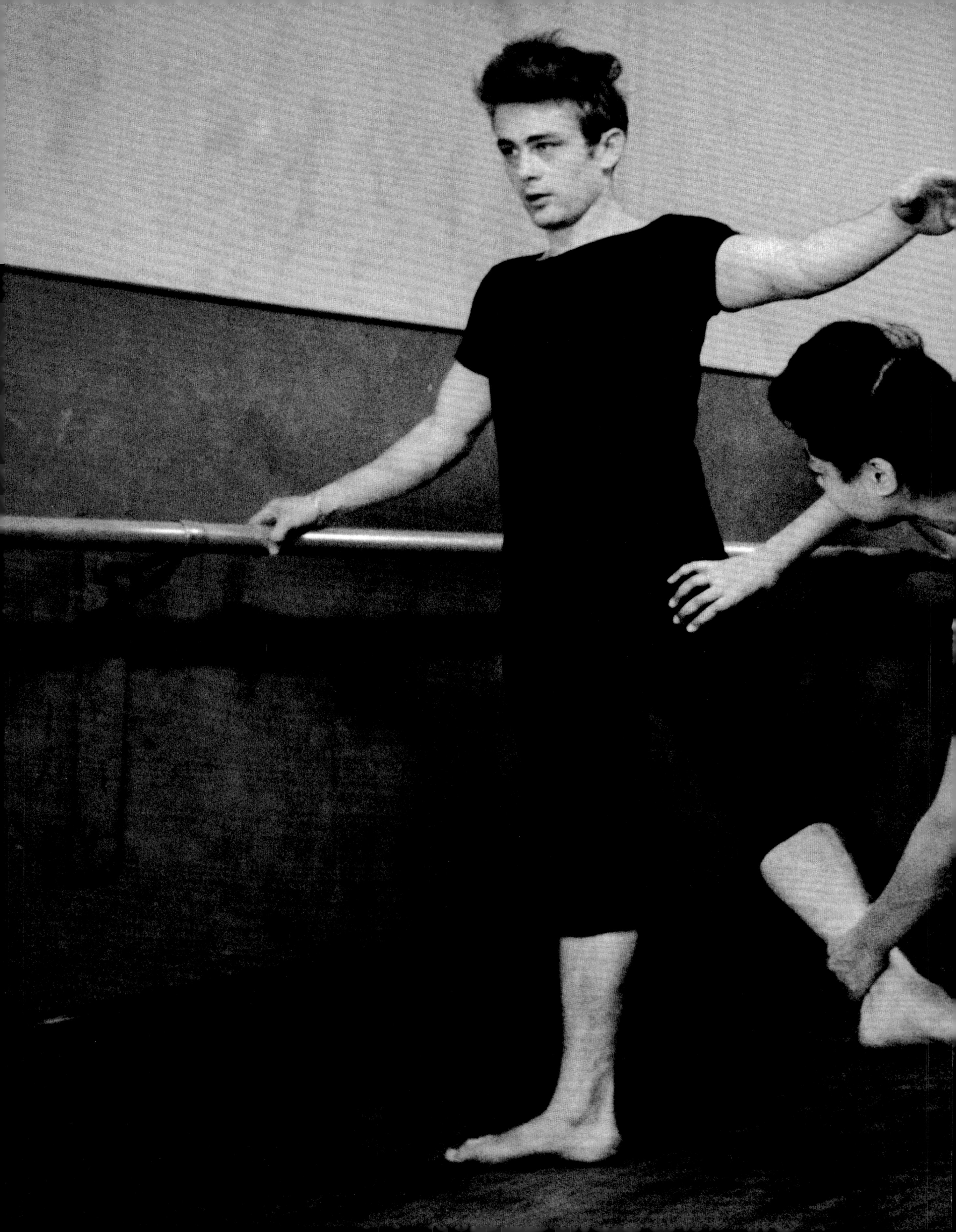

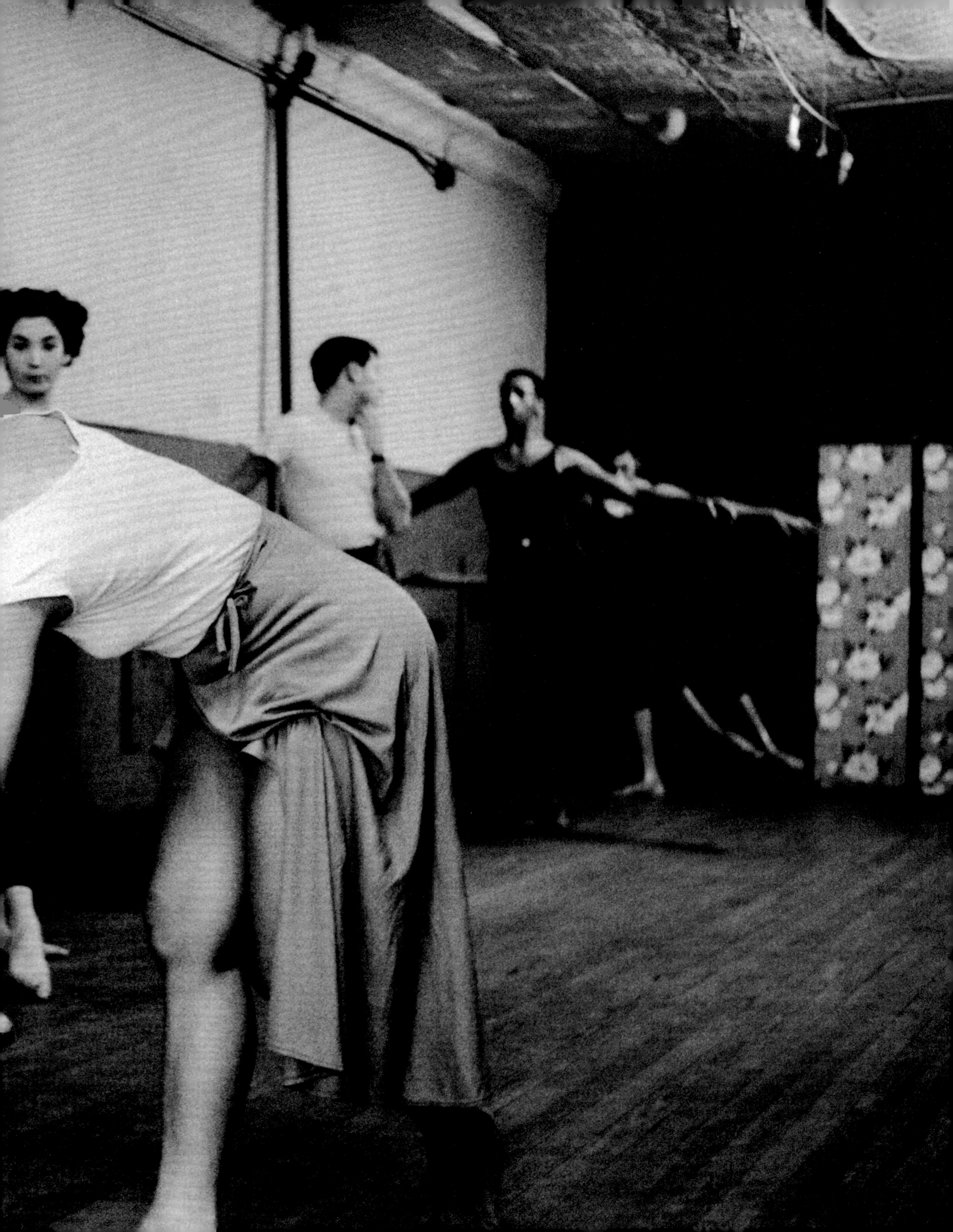

88

Jimmy und Geraldine Page waren gute Freunde. Sie trafen sich oft, um über die Arbeit zu reden oder einfach zu plaudern. Man beachte, dass Geraldine Page auf dem Foto rechts am Spiegel ihrer Garderobe einen Zeitungsausschnitt über Jimmy hängen hat – einen Artikel über *Jenseits von Eden*.

Wie es scheint, beschränkte sich Jimmys Leben in New York auf einen sehr kleinen
Bereich rund um den Times Square. Ich habe oft gedacht, dass Jimmys Beschäftigung mit
der Trommel mehr durch ein Interesse an ihrem Klang als an dem Instrument selbst
geprägt war. Trommeln, Motorräder, Sportwagen – alle verursachten laute Geräusche,
für die er empfänglich war.

91

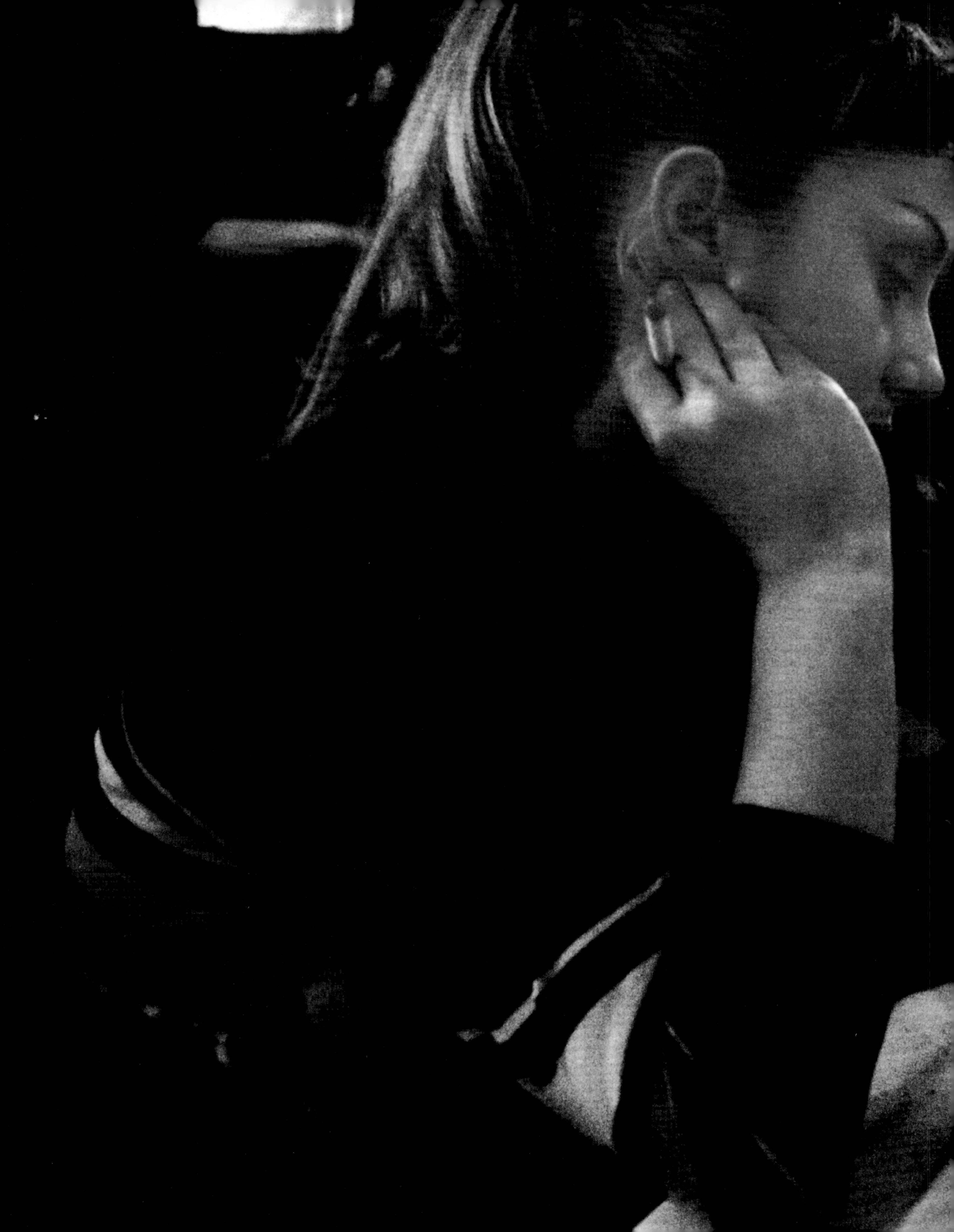

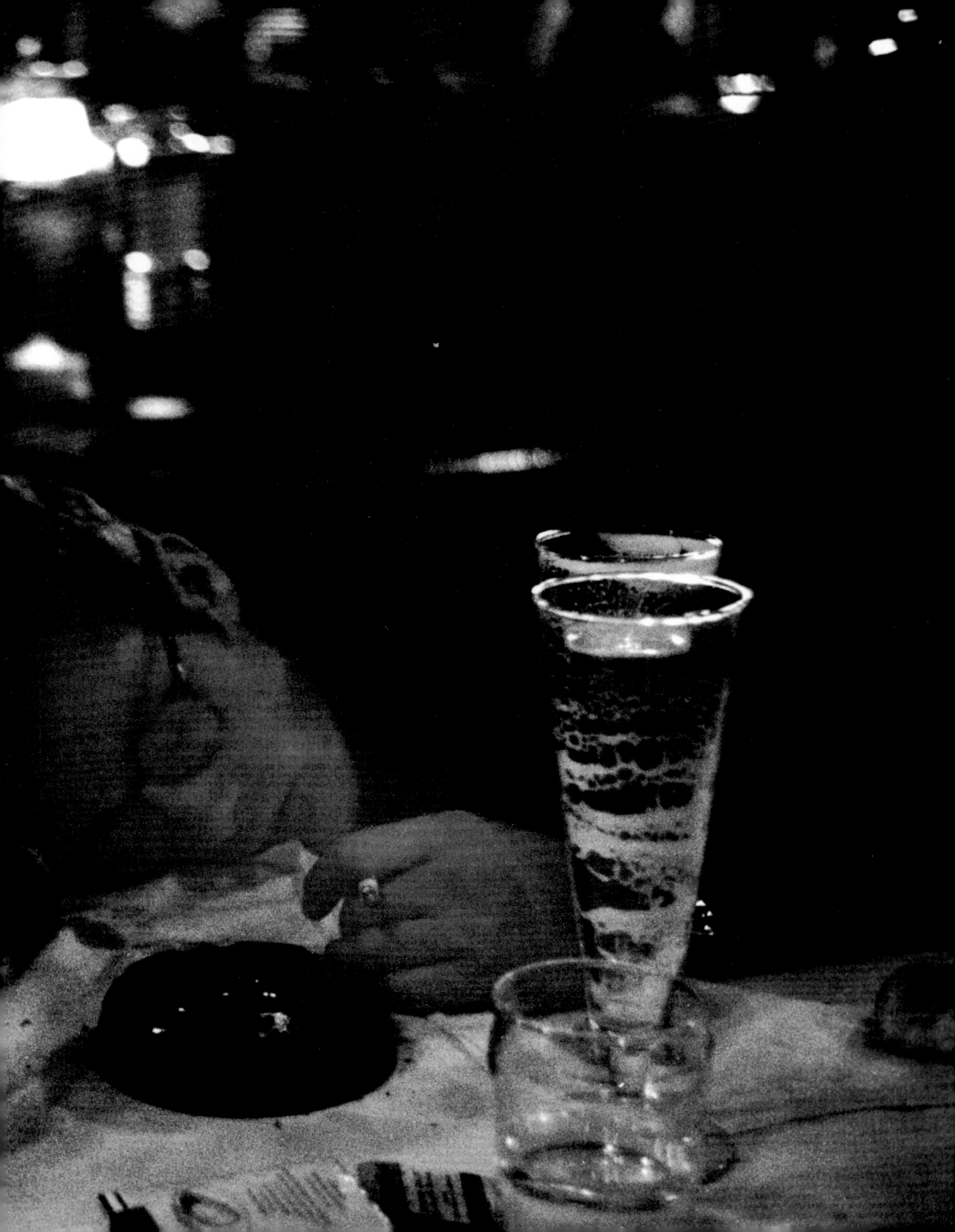

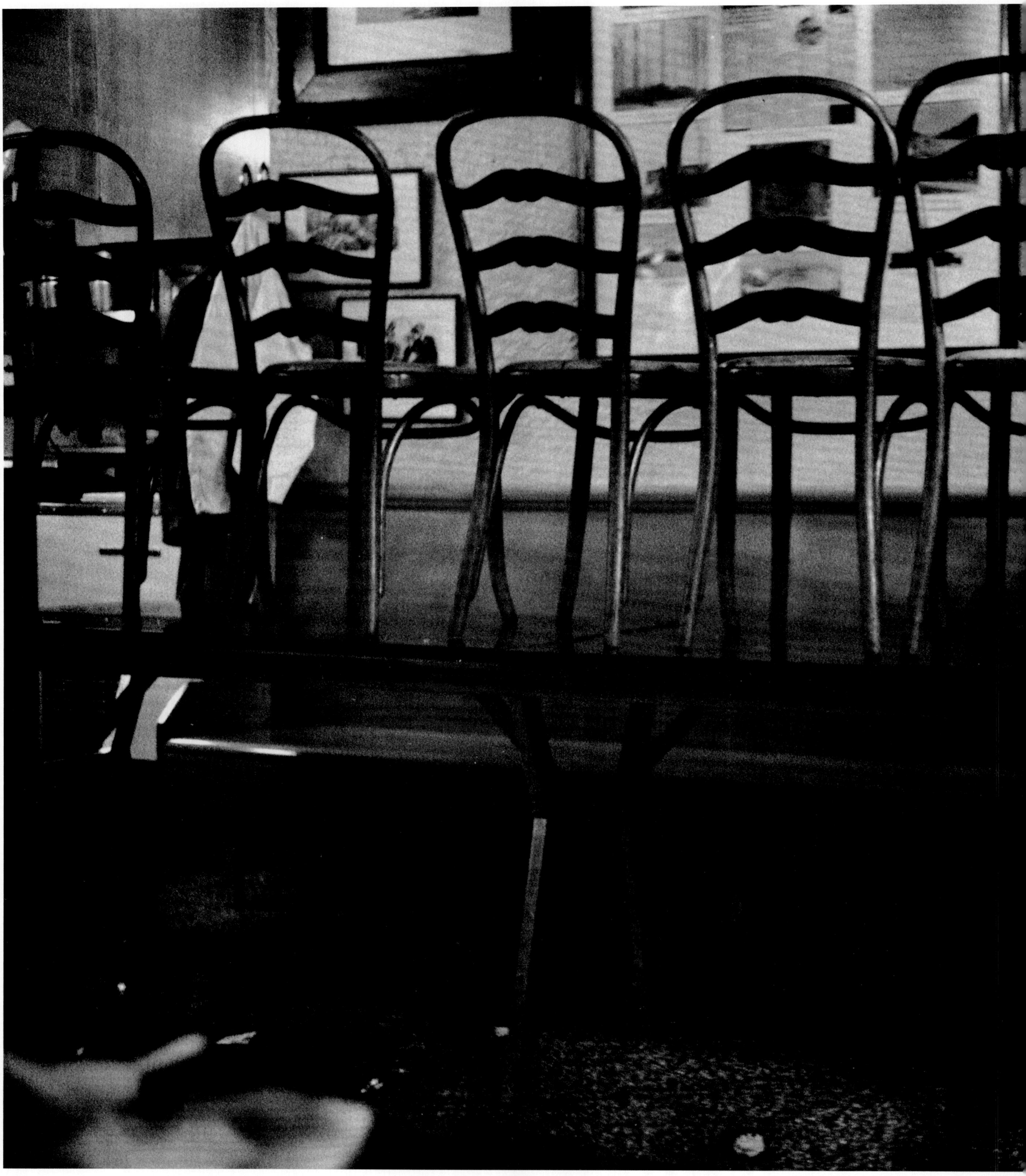

Jerry's Bar in der 54. Straße gegenüber dem alten Ziegfeld Theatre war eines von Jimmys Stammlokalen in New York. Aber es ist nicht so, dass er einschlief, weil er zu viel Bier getrunken hatte. Jimmy litt unter Schlaflosigkeit, schlimmer als irgendein anderer, den ich je getroffen habe. Deshalb schlief er mitunter zu seltsamen Zeiten und an seltsamen Orten einfach für ein paar Minuten oder ein paar Stunden ein. Wenn er wieder aufwachte, ging es weiter. Er lebte wie ein streunendes Tier. Wenn ich es recht überlege, war er ein streunendes Tier. An der Ostküste hatte er ein paar Lieblingsplätze, ebenso zwei oder drei an der Westküste. In New York behielt er seine im vierten Stock gelegene Wohnung in der 68. Straße, aber da er nicht schlafen konnte, verbrachte er dort nur wenig Zeit.

Jimmys Schlaflosigkeit stellte mich vor ein besonderes Problem. *Life* hatte mich beauftragt, für alle Fälle ein Titelfoto mit Jimmy zu machen, und ich verabredete mich mehrmals mit ihm, um es aufzunehmen. Aber er erschien entweder gar nicht, oder wenn er kam, sah er entsetzlich aus – mit einem Zwei- oder Dreitagebart und tiefen Ringen unter den Augen. Obwohl er erst 24 war, begann seine Lebensweise bereits Spuren zu hinterlassen.

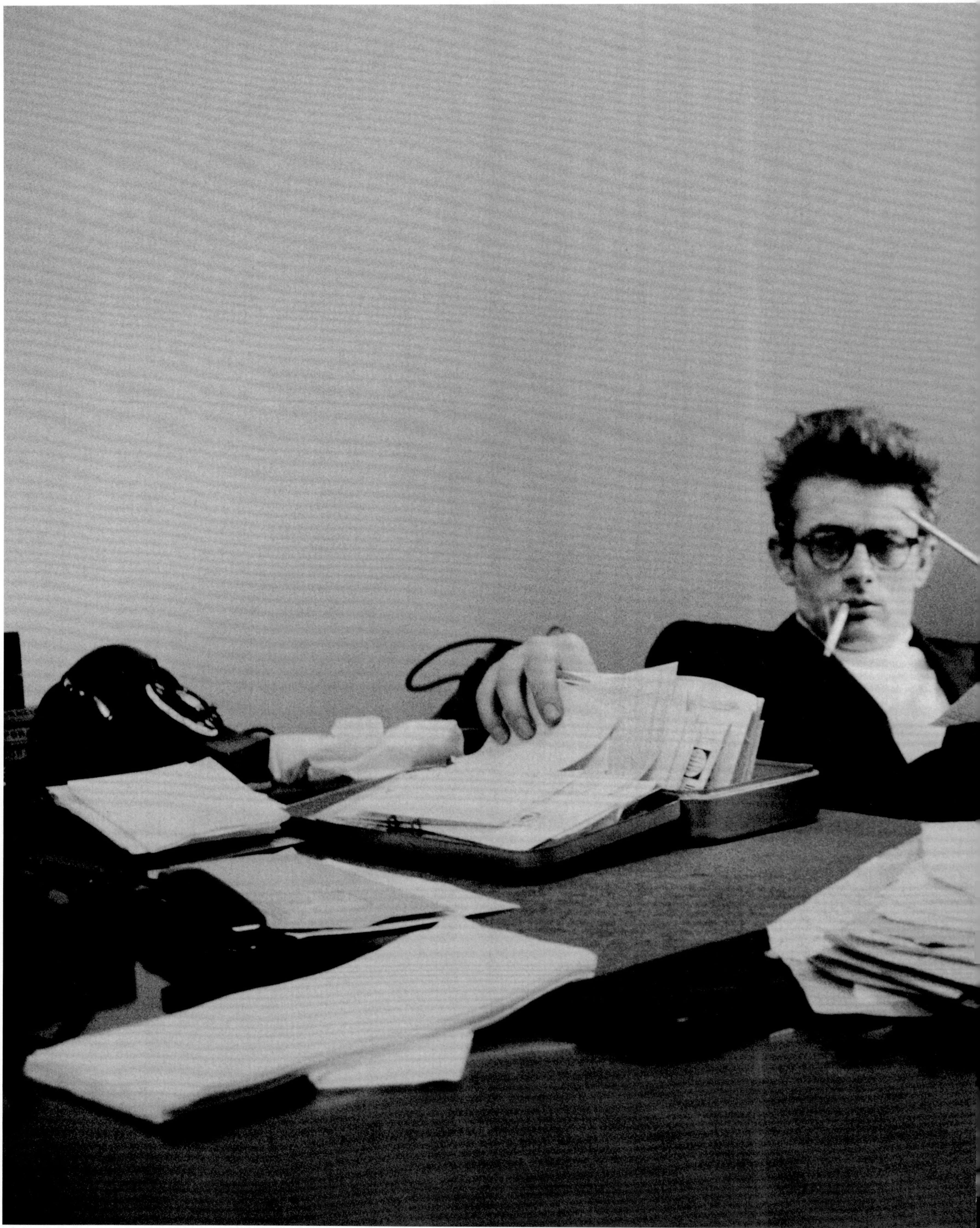

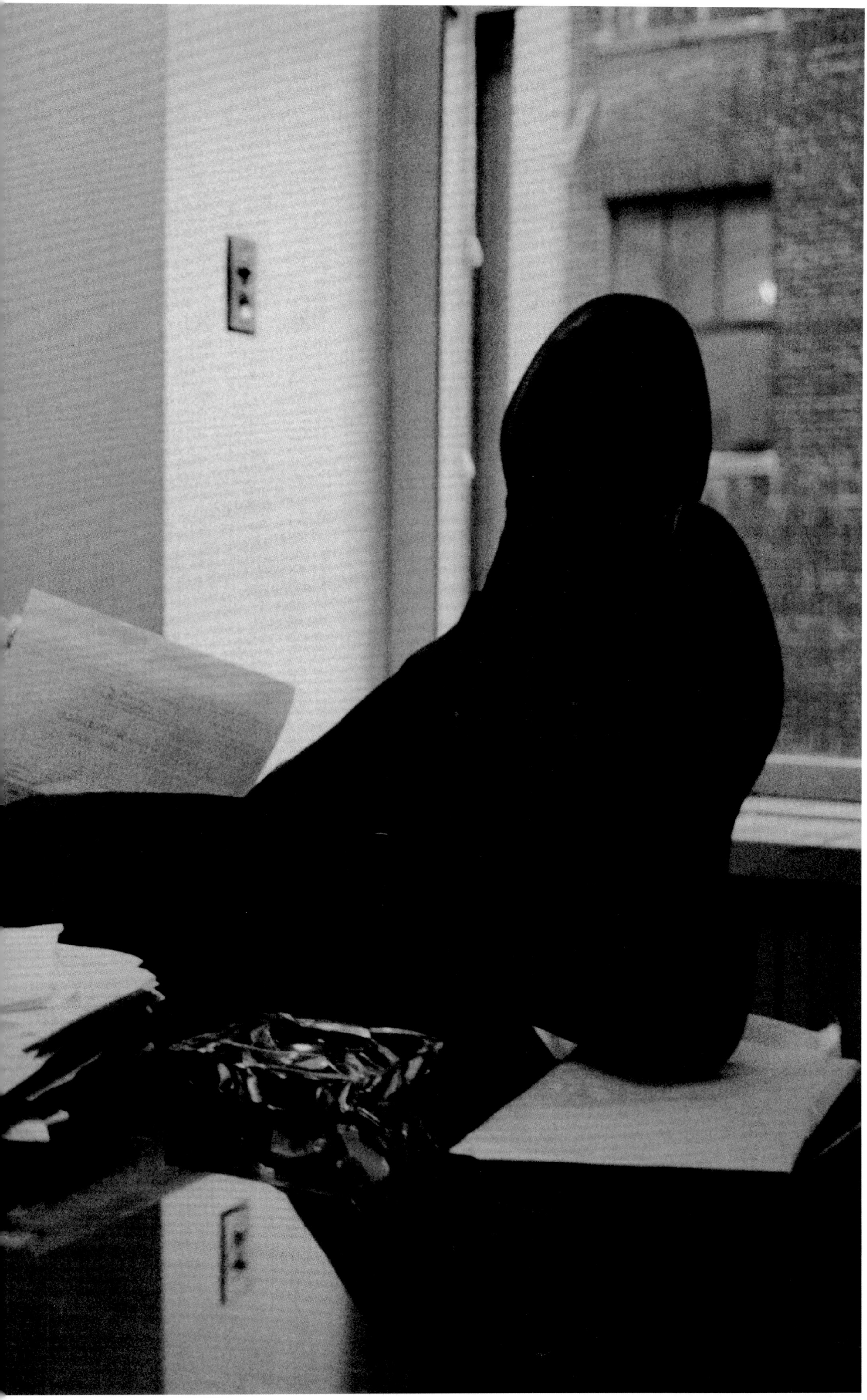

Mit dem Kinostart von *Jenseits von Eden* **wurde Jimmy nicht nur über Nacht berühmt, sondern er musste auch die vielen Verpflichtungen übernehmen, die dieser neue Status mit sich brachte. Hier gehen Jane Deacy und ein Berater geschäftliche Angelegenheiten mit Jimmy durch, der sich Mühe gibt, ihnen zu folgen, aber ... schließlich das Problem dadurch löst, dass er seine Füße hochlegt und einschläft.**

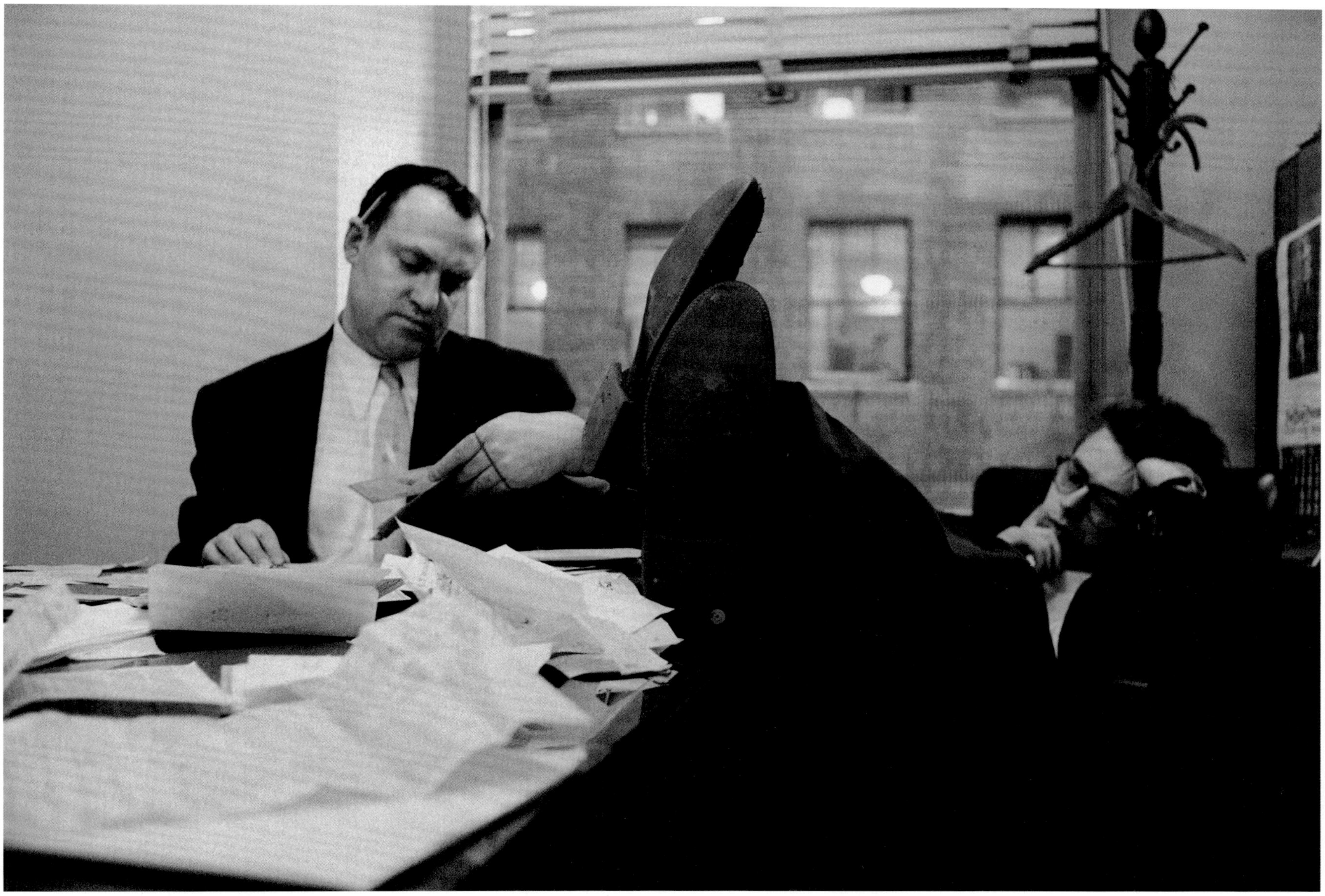

Jimmys Apartment in der 68. Straße beim Central Park West war winzig und lag im obersten Stock. Vermutlich war es früher einmal ein Dienstmädchenzimmer gewesen. Überall standen Bücher und Schallplatten herum. Jimmy hatte das Bedürfnis, sich mit Büchern zu umgeben, aber ich bin nicht sicher, ob er sie auch las. Was sein Interesse an Musik betraf, so sagte er einmal großspurig: »Ich sammle alles, von der Musik des 12. und 13. Jahrhunderts bis hin zu ganz modernen Sachen. Du weißt schon, Schönberg, Berg, Strawinsky. Ich mag auch Sinatras Album ›Songs for Young Lovers‹.«

In vielen der Bücher ging es natürlich um Theater. Aber man beachte auch Kafka, den Comic *I go pogo* von Walt Kelly, *Charlotte's Web* von E. B. White, Thomas Manns *Tod in Venedig* und weiter unten rechts *Los Toros*. Ein Prediger in Fairmount hatte Jimmys Interesse an Stierkämpfen geweckt, was die Hörner und den Umhang an der Wand erklärt. Ich weiß nicht, ob Jimmy jemals einen Stierkampf sah, aber er spielte sehr häufig mit dem Umhang – ich vermute, er lebte Fantasien aus. Irgendwie hatte Jimmy etwas von einem Stier. Er war reizbar, ungezähmt, aggressiv.

THE SEVEN STOREY MOUNTAIN
AGNES DE MILLE
TOM LEA
A Goddess to a God
SHAKESPEARE
FRANZ KAFKA
I GO POGO
WALT KELLY
THE ART OF ETCHING
BURNS MANTLE BEST PLAYS
THE BEST PLAYS
The Creation of the Universe
MOULIN ROUGE
PIERRE LA MURE
BAUDELAIRE RIMBAUD VERLAINE
TO THE ACTOR
Michael Chekhov
EDVARD MUNCH
COSSIO
LOS TOROS
3
DE-NICOTEA
EXPORT
INSTRUCTION BOOK

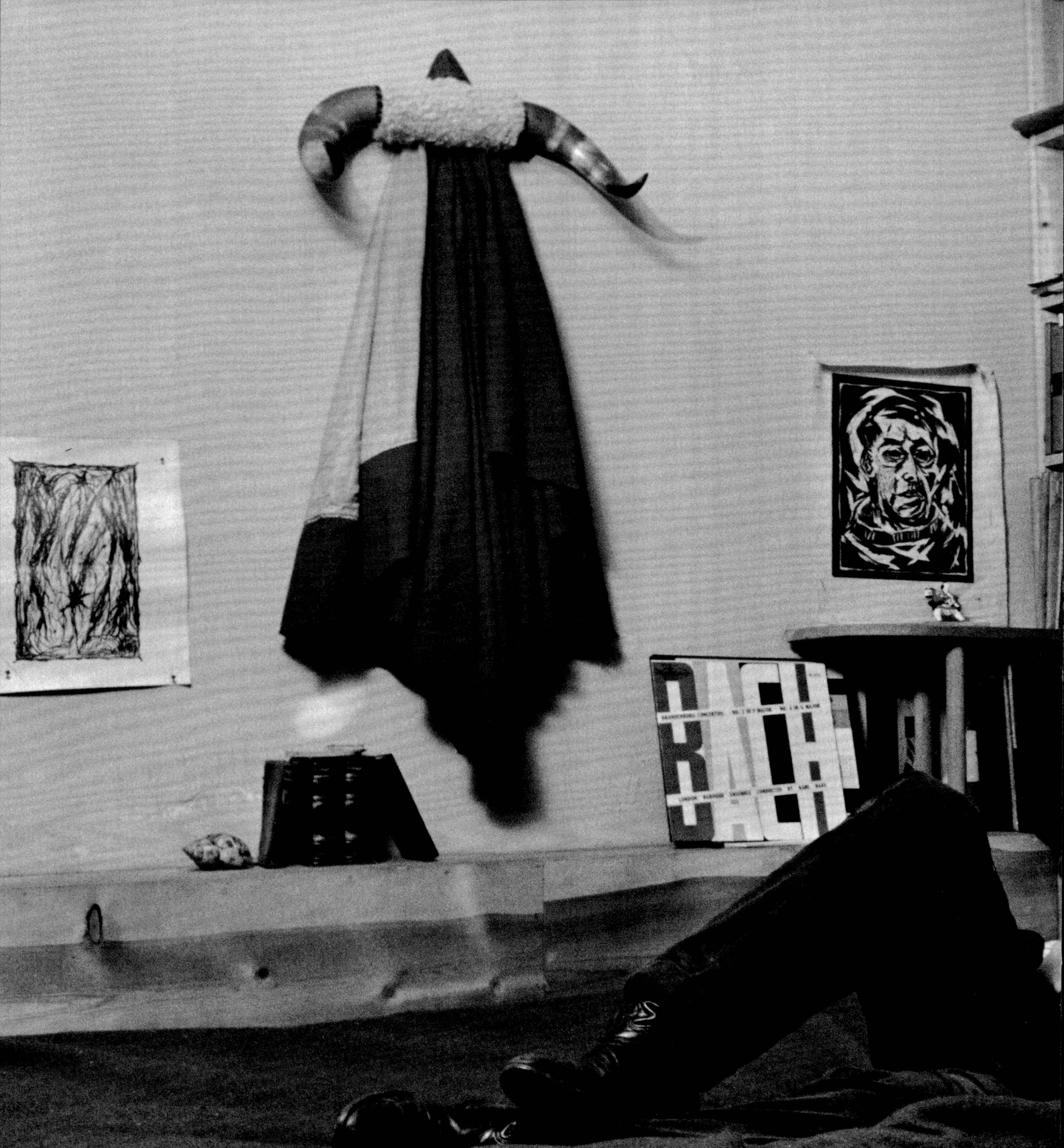

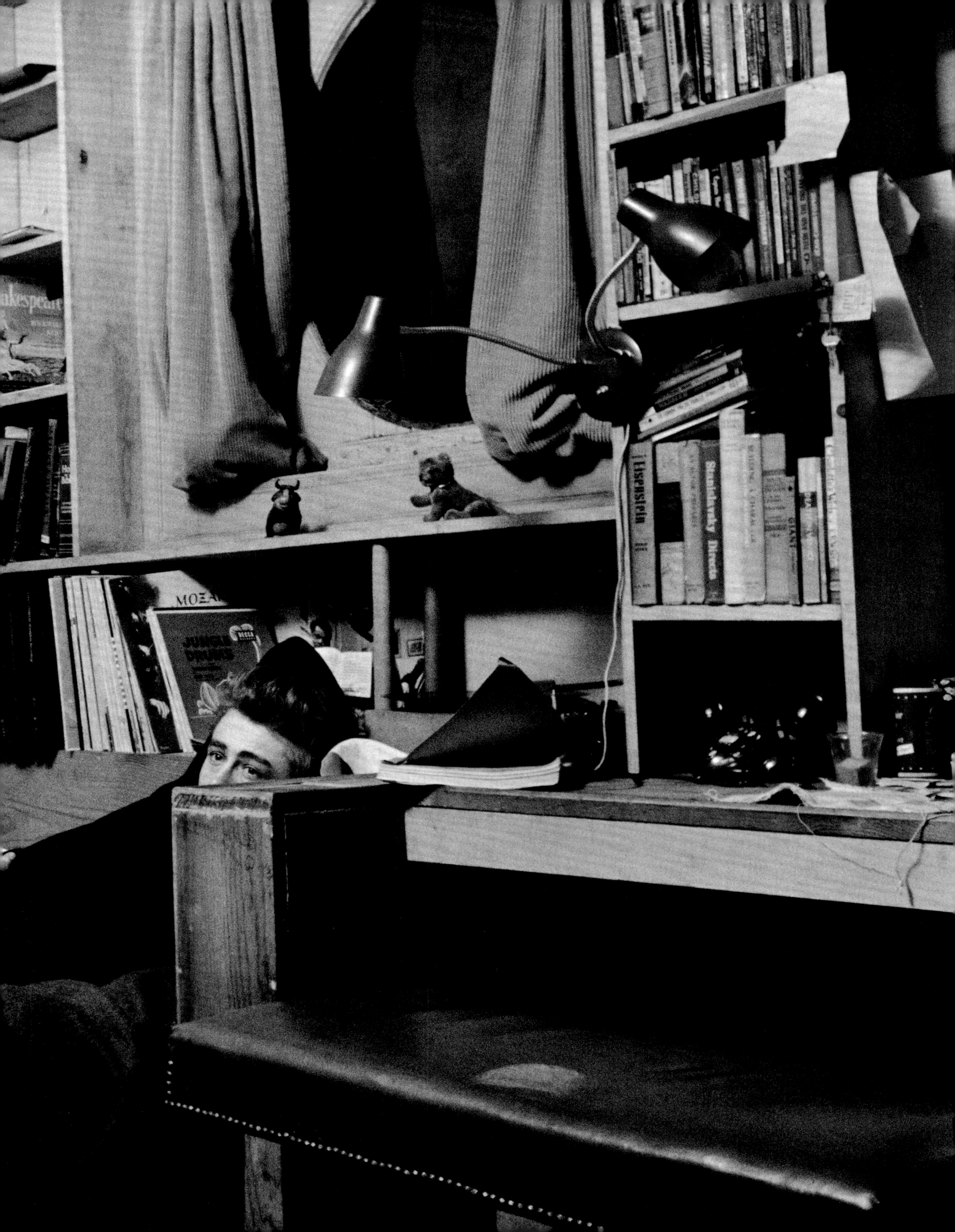
Eisenstein
Stanislavsky Directs

Nach *Jenseits von Eden* **erhielt Jimmy von Warner einen Vertrag für insgesamt neun Filme. Ihm wurde immer klarer, dass Kalifornien sein Hauptwohnsitz werden sollte. Doch bei jeder Gelegenheit machte er sich nach New York davon, »um zu leben und das Leben zu leben«, wie er es ausdrückte.**

Zu seinen größten Vergnügen in New York gehörten die Teilnahme an Tanzkursen von Eartha Kitt und anschließende Besuche mit ihr in einer Bar, wo sie plauderten.

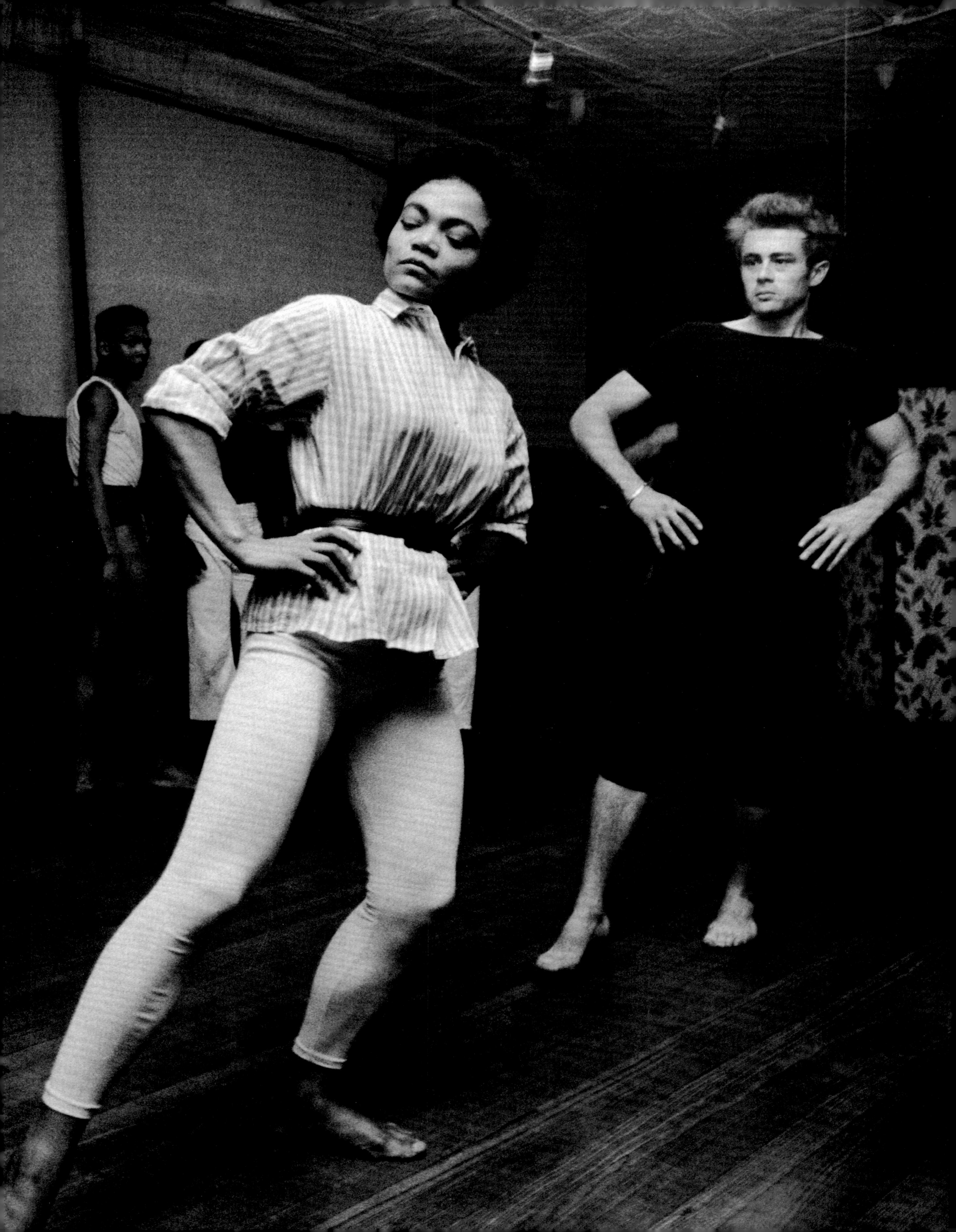

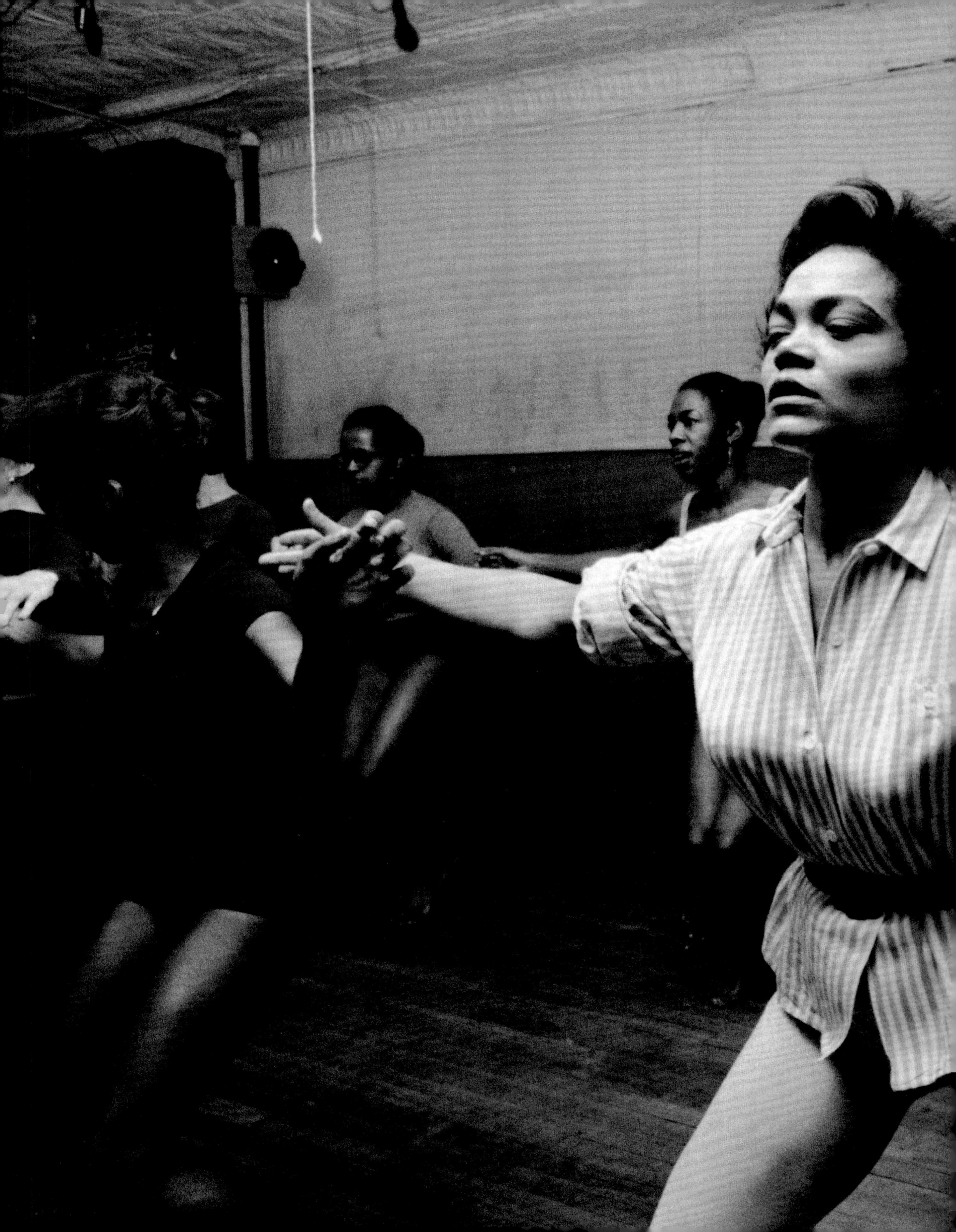

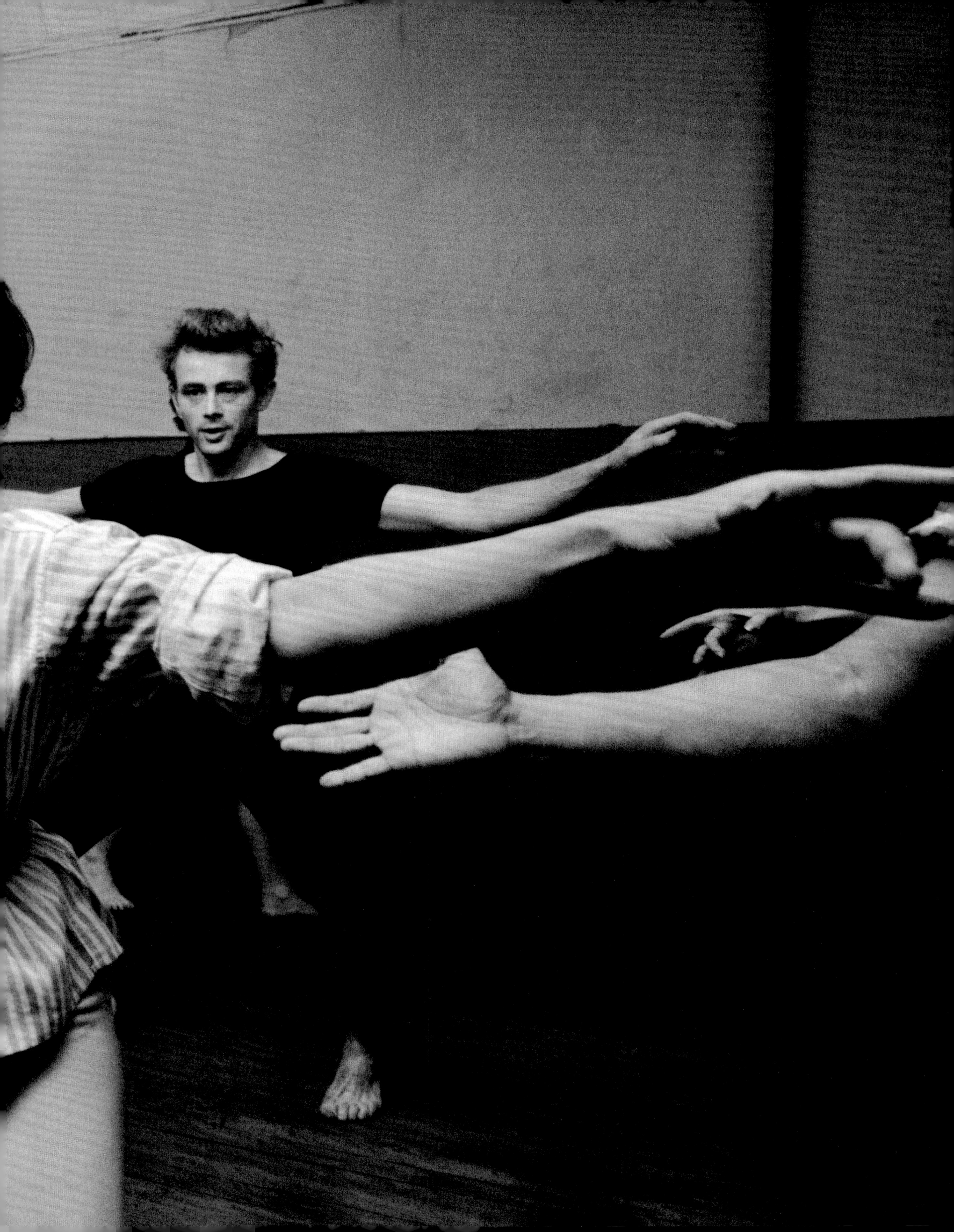

In New York fand die Premiere von *Jenseits von Eden* am 10. März im Astor Theatre statt, nachdem es am Abend zuvor eine inoffizielle Vorführung zugunsten des Actors Studio gegeben hatte, zu der viele Prominente gekommen waren. Doch Jimmy fehlte bei beiden Vorstellungen. »Tut mir Leid«, hatte er zu Jane Deacy gesagt, »ich kann damit nicht umgehen«, und sich in ein Flugzeug nach Los Angeles gesetzt.

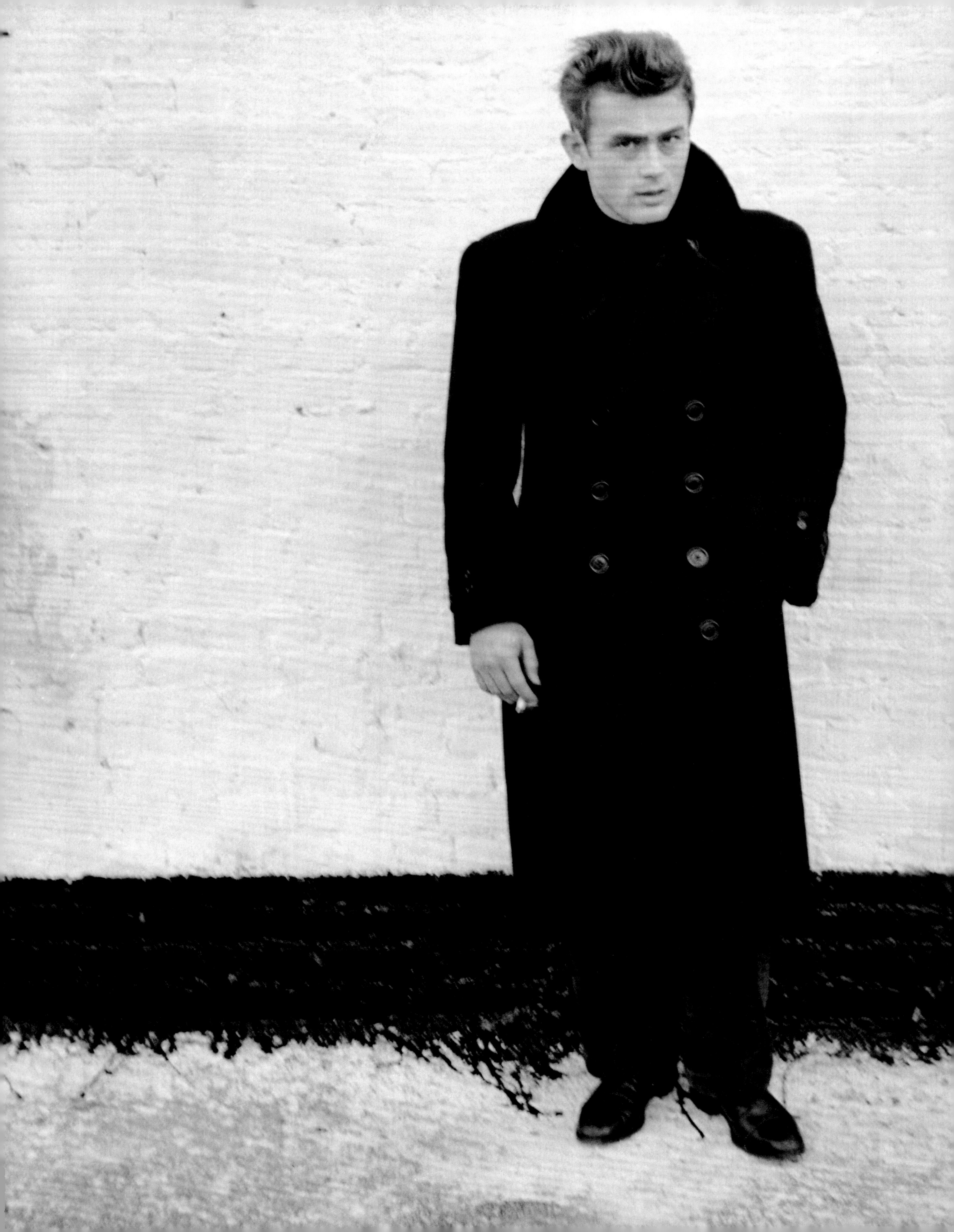

Jimmy auf dem Flug nach Westen zu den Dreharbeiten von
... denn sie wissen nicht, was sie tun.

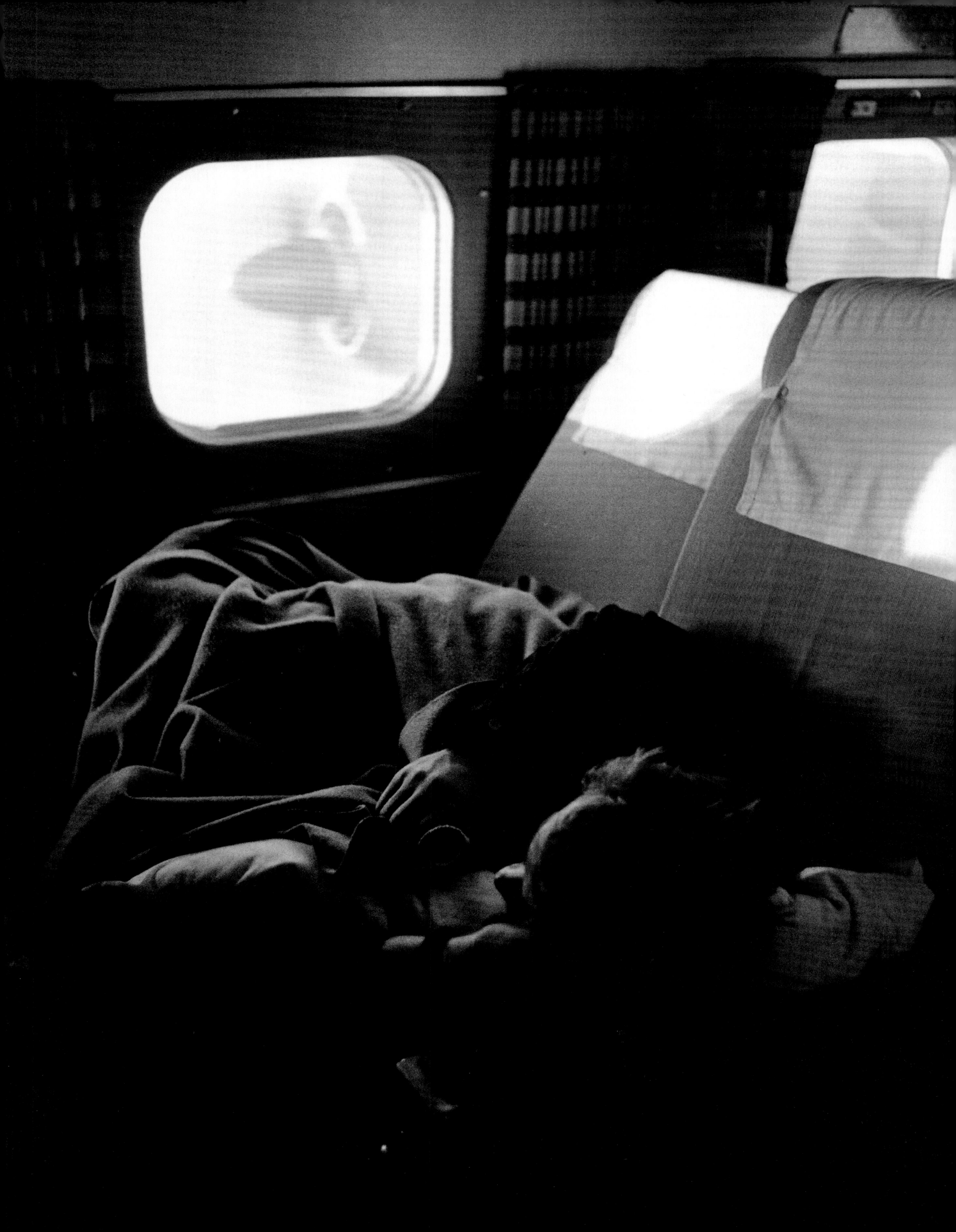

HOLLYWOOD

Zurück in Hollywood versuchte Jimmy, seine gewohnte Lebensweise wieder aufzunehmen. Aber sein plötzlicher Ruhm, verbunden mit seiner verschrobenen, komplizierten Art, machte dies schwierig. Er trieb sich immer noch bei Googie's herum, doch selbst dort gehörte Anonymität der Vergangenheit an. Unterdessen bereitete er sich auf die Dreharbeiten von ... *denn sie wissen nicht, was sie tun* vor. Nicholas Ray hatte Warner Brothers zu der Produktion überredet, nachdem das Drehbuch sieben Jahre lang in ihren Regalen verstaubt war. Es war Jimmys erster Film im Rahmen seines neuen Vertrags für neun Filme.

Da für Jimmy Geldnot nun der Vergangenheit angehörte, er sich schnelle Autos leisten konnte und jederzeit einen Kredit bekam, begann er, sich immer größere und schnellere Rennwagen zu kaufen. Er machte gegenüber den Bossen des Studios keinen Hehl daraus, dass er viel lieber Rennen fuhr, als Filme zu drehen. Damit machte er sich bei ihnen verständlicherweise aus zwei Gründen nicht sehr beliebt: Zum einen war dies eine Beleidigung ihrer Würde als Unternehmer. Zum anderen spürten sie, dass der verdammte Bengel sich letztendlich Schaden zufügen und damit ihre Investitionen in jeden Film, den sie gerade drehten, in Gefahr bringen könnte. Jimmys letzte Anschaffung war ein Porsche Spyder für 4000 Dollar, mit dem er im Frühjahr 1955 an einem Rennen in Palm Springs teilnahm. Er siegte nicht nur in der Amateurklasse, sondern wurde auch bei den professionellen Fahrern Dritter, und das machte ihn hungrig auf weitere, spannendere Rennen.

Er litt weiterhin unter Schlaflosigkeit, und Nacht für Nacht blieb er auf und fuhr in seinem Auto umher, trank, entweder mit Bekannten in New York oder mit Freunden von Zuhause, die ihn besuchen kamen. Aber egal, wie lange er aufblieb, irgendwie schaffte er es doch immer, pünktlich am Set zu erscheinen. Natürlich gab es Ausnahmen, die in zahlreichen Hollywood-Legenden kolportiert werden, aber meiner Erfahrung nach verzögerte Jimmy das Shooting nur dann und tauchte auch nur dann zu spät auf, wenn er sich über das Studio ärgerte. Es war seine Art, seinem Gerechtigkeitsempfinden Ausdruck zu verleihen.

James Deans Karriere in Hollywood war glanzvoll und kurz.
Jenseits von Eden kam im März 1955 in die Kinos. Nach ... *denn sie wissen nicht, was sie tun* begannen gleich die Dreharbeiten zu *Giganten*. Noch ehe der Monat zu Ende ging, war Jimmy tot.

Seiten 113, 116–120: Szenen aus ... *denn sie wissen nicht, was sie tun.*

Seiten 114–115, 122–123: Während der Dreharbeiten zu ... *denn sie wissen nicht, was sie tun.*

Seiten 124–125: Eine Szene aus dem Fernsehfilm *The Dark, Dark House* mit Ronald Reagan.

Seiten 126–127: Jimmy auf dem Gelände des Studios in Hollywood.

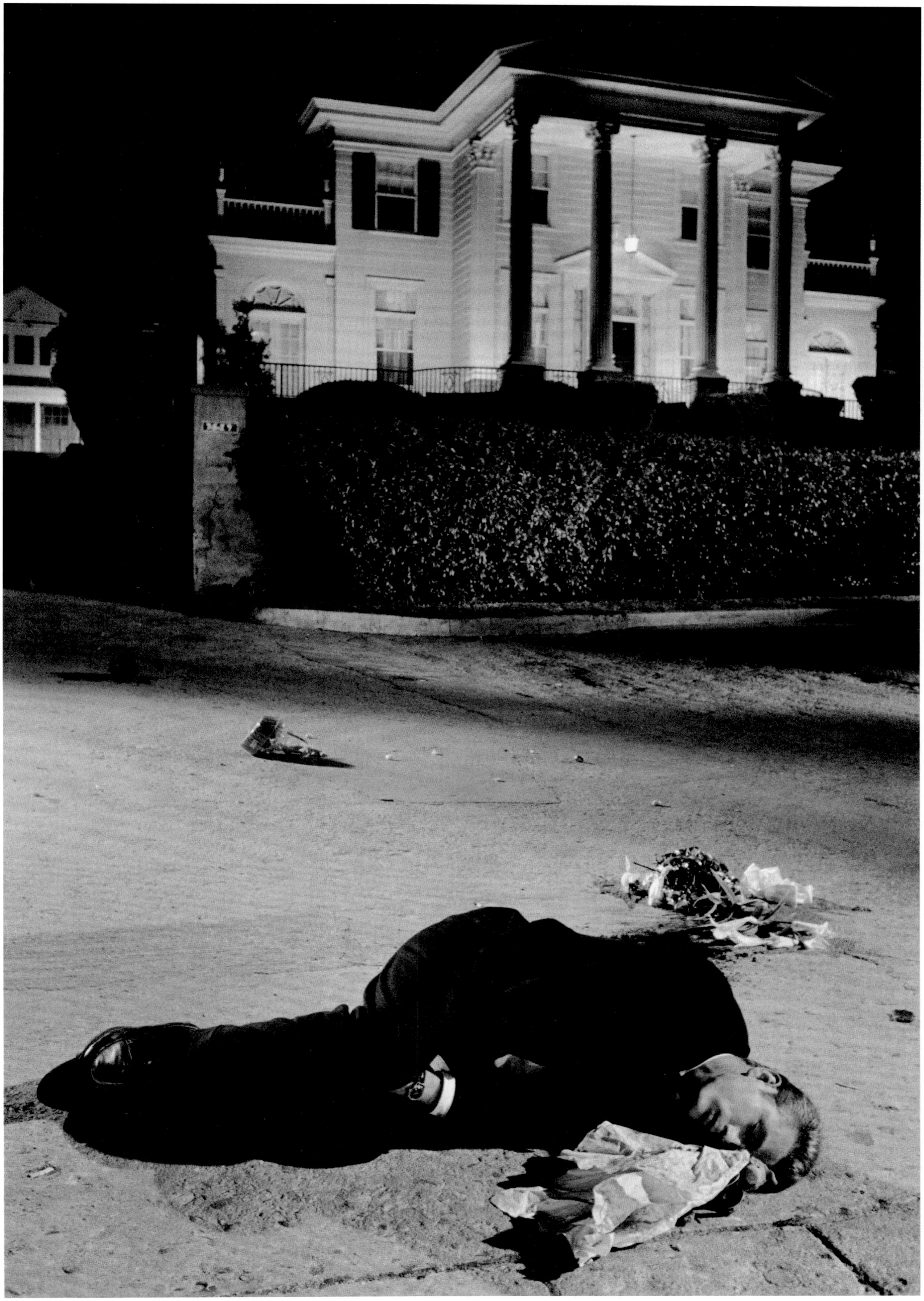

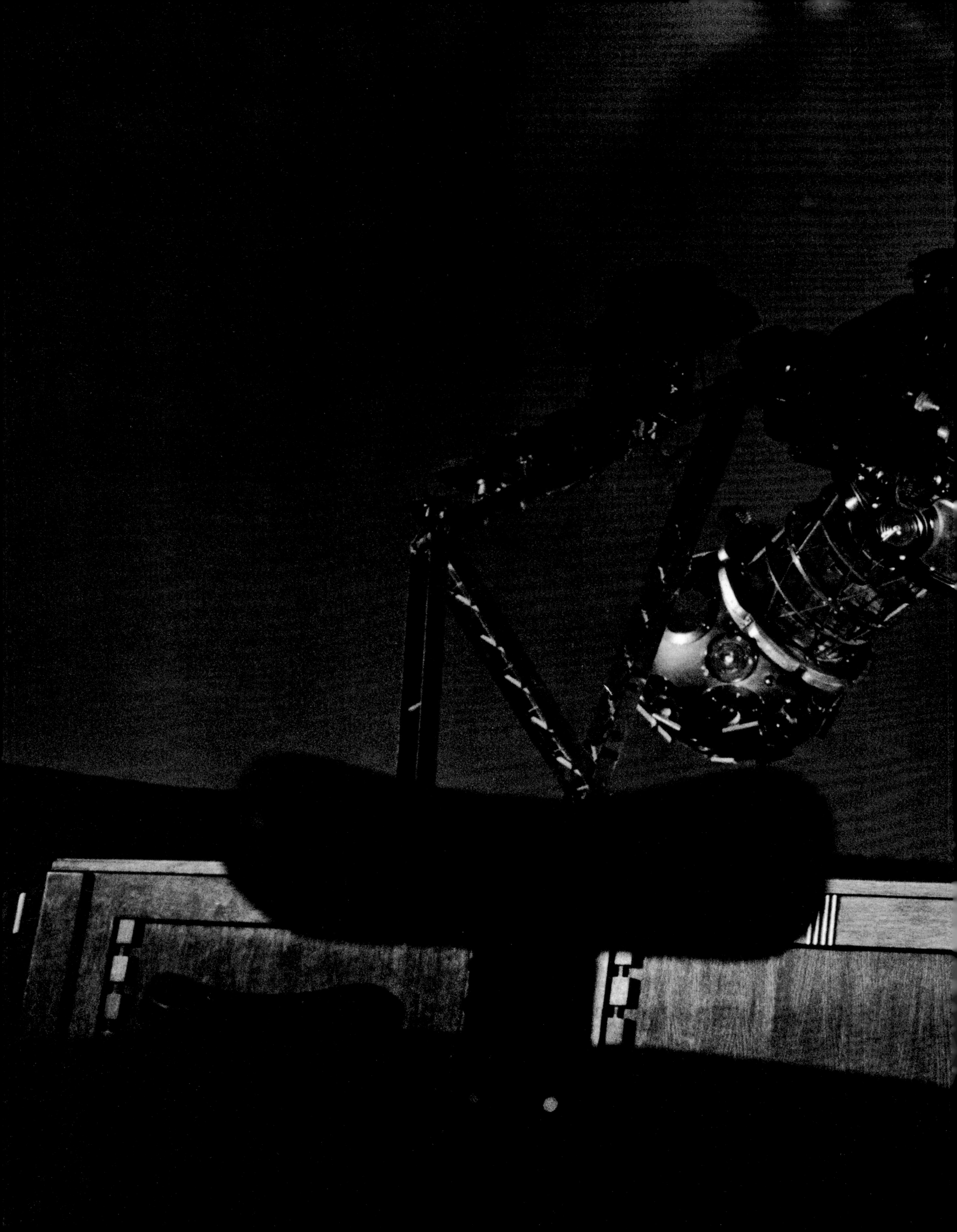

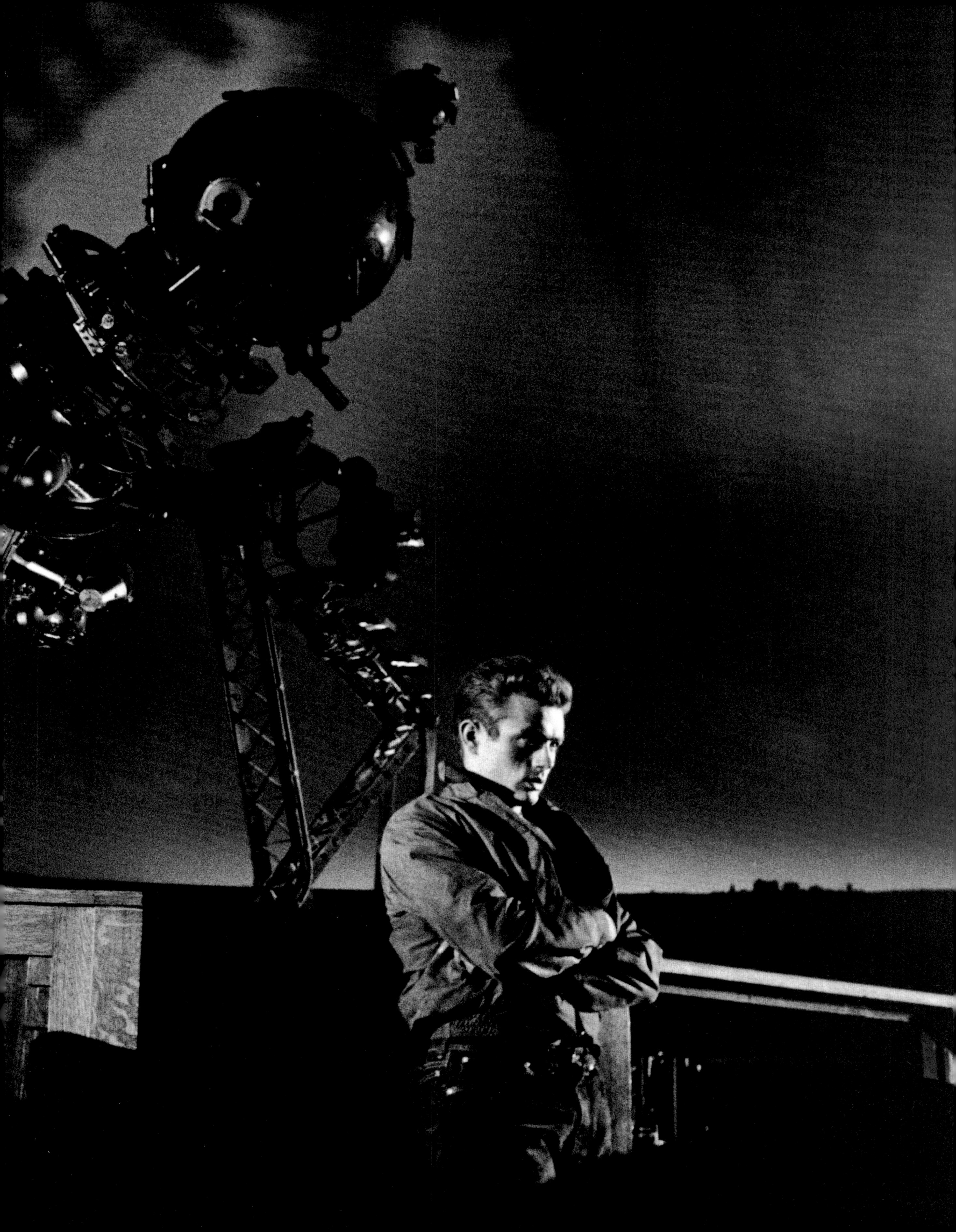

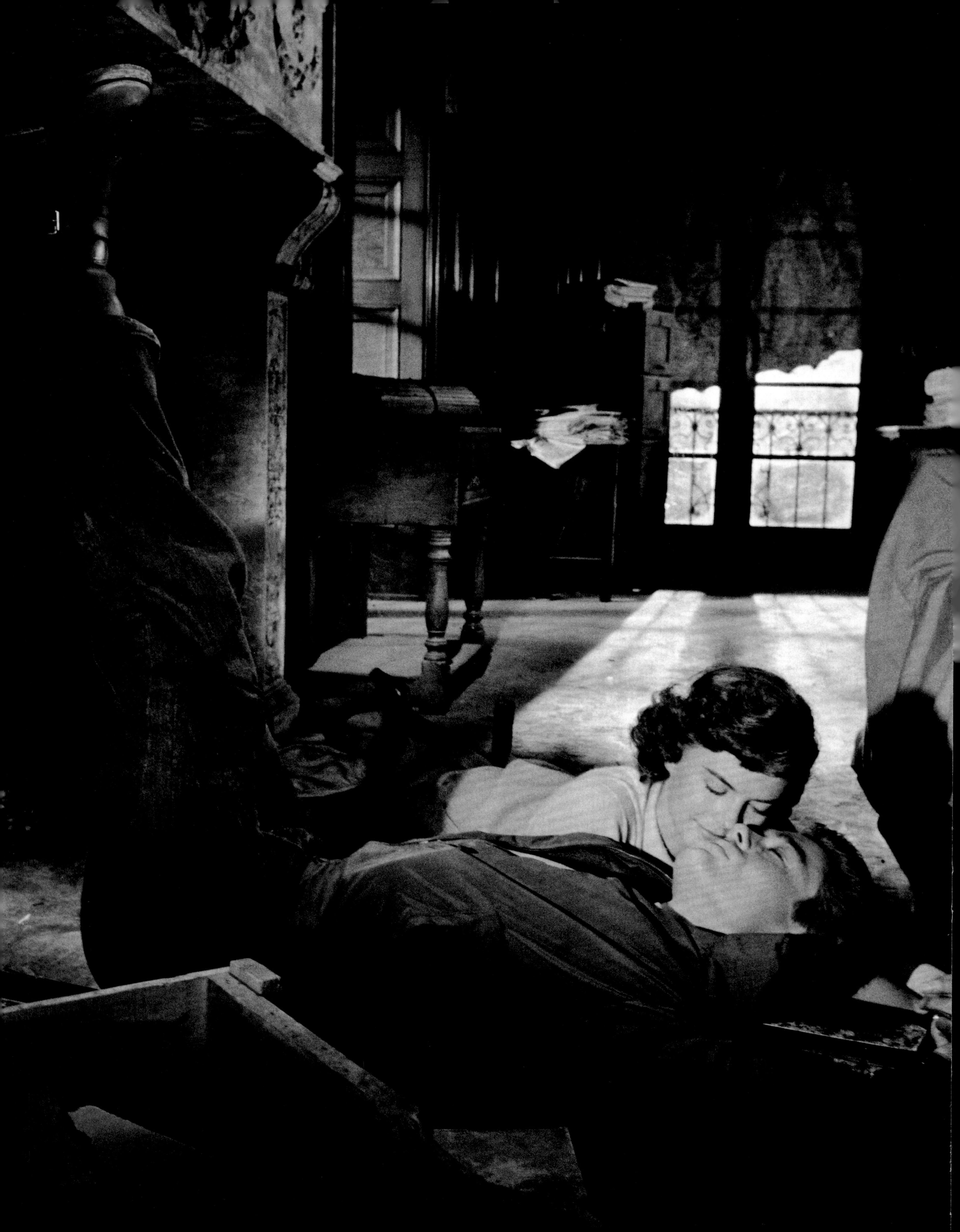

117

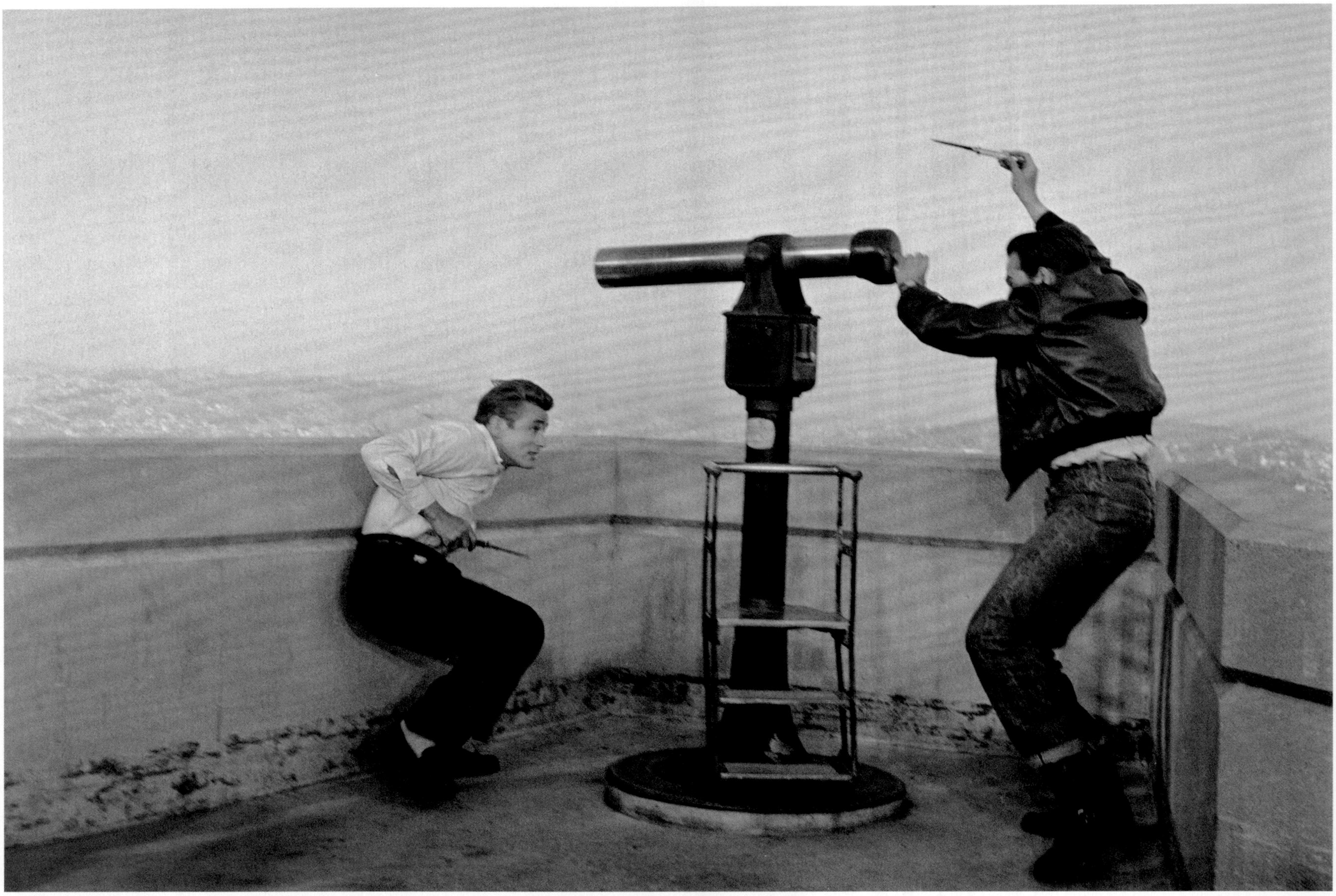

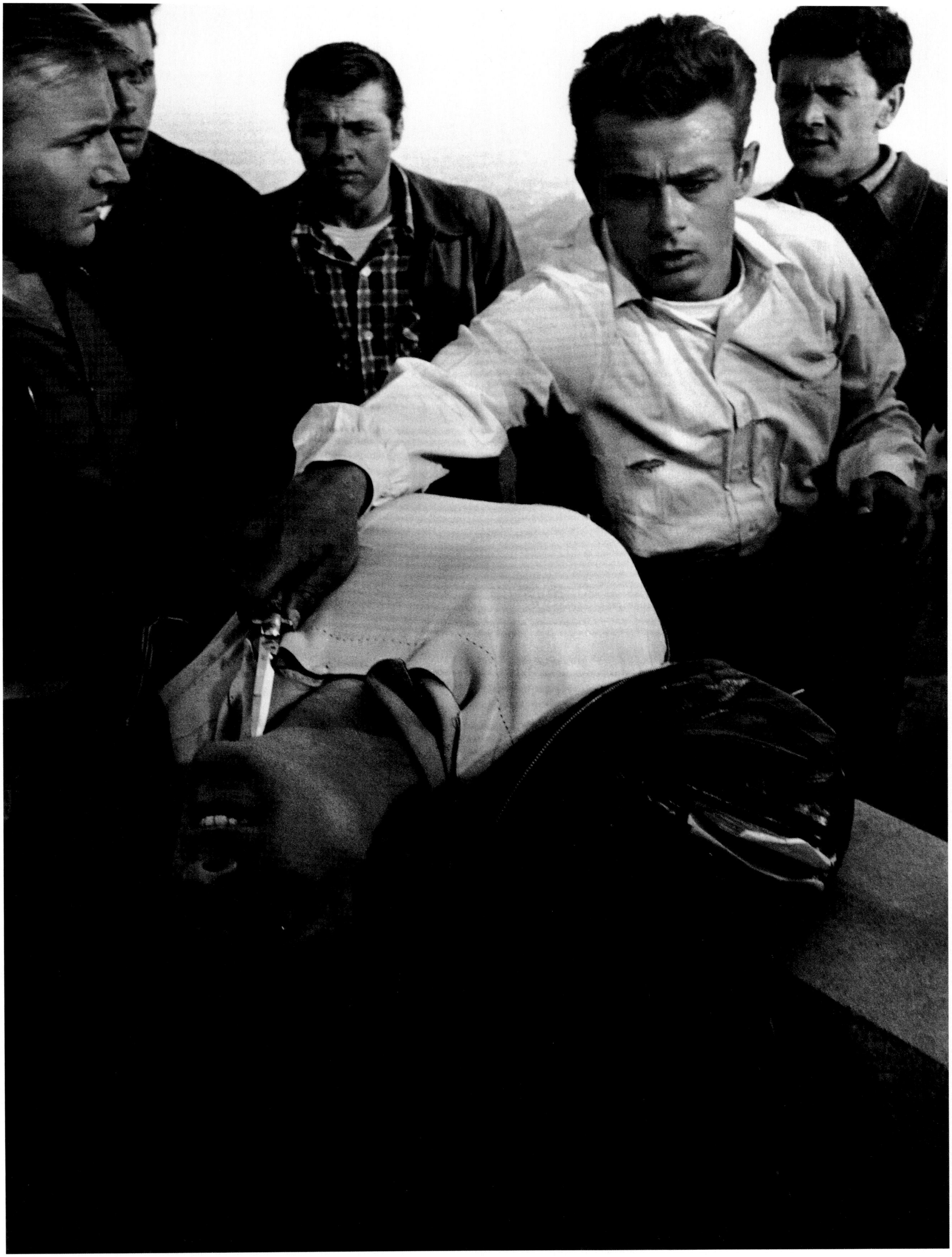

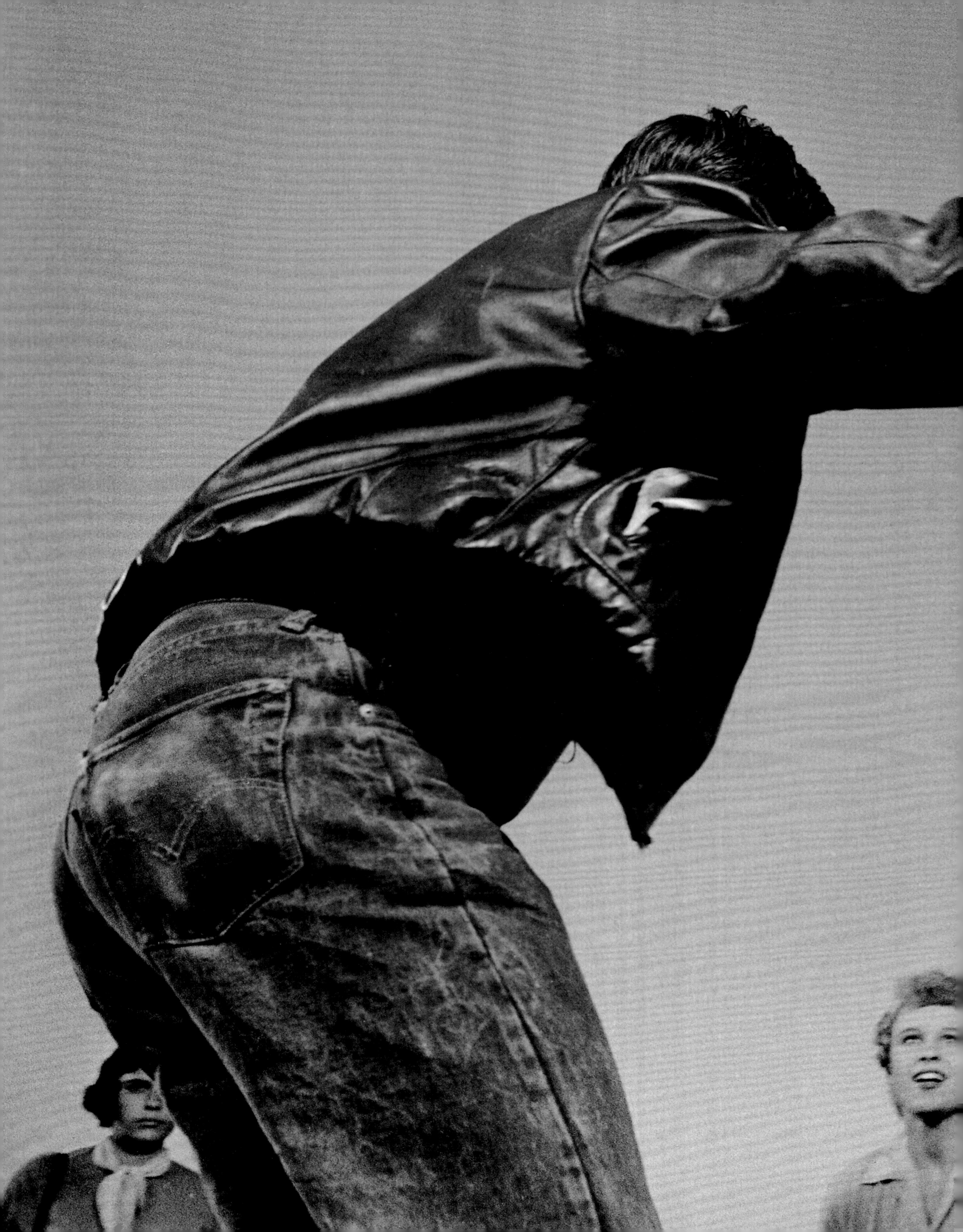

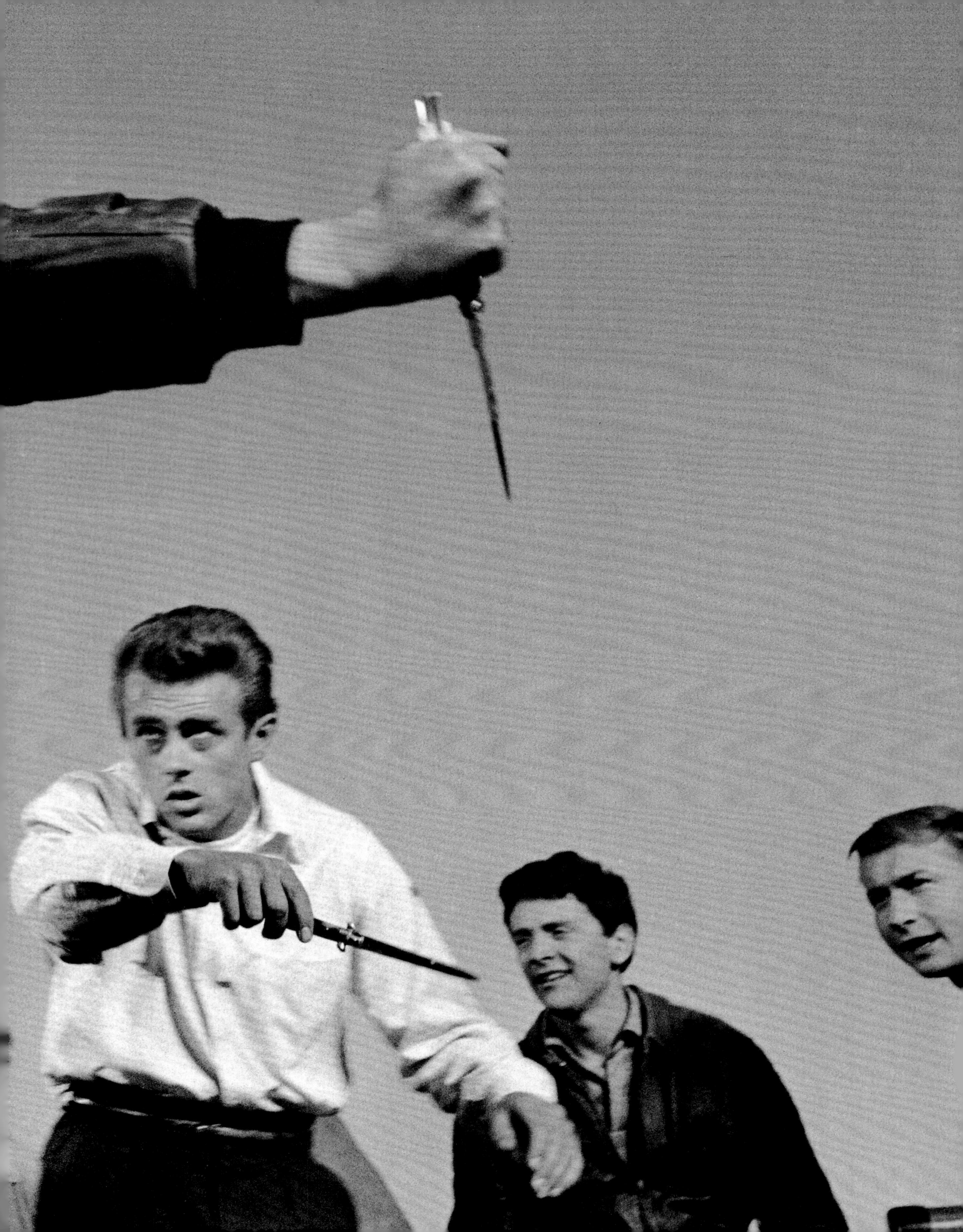

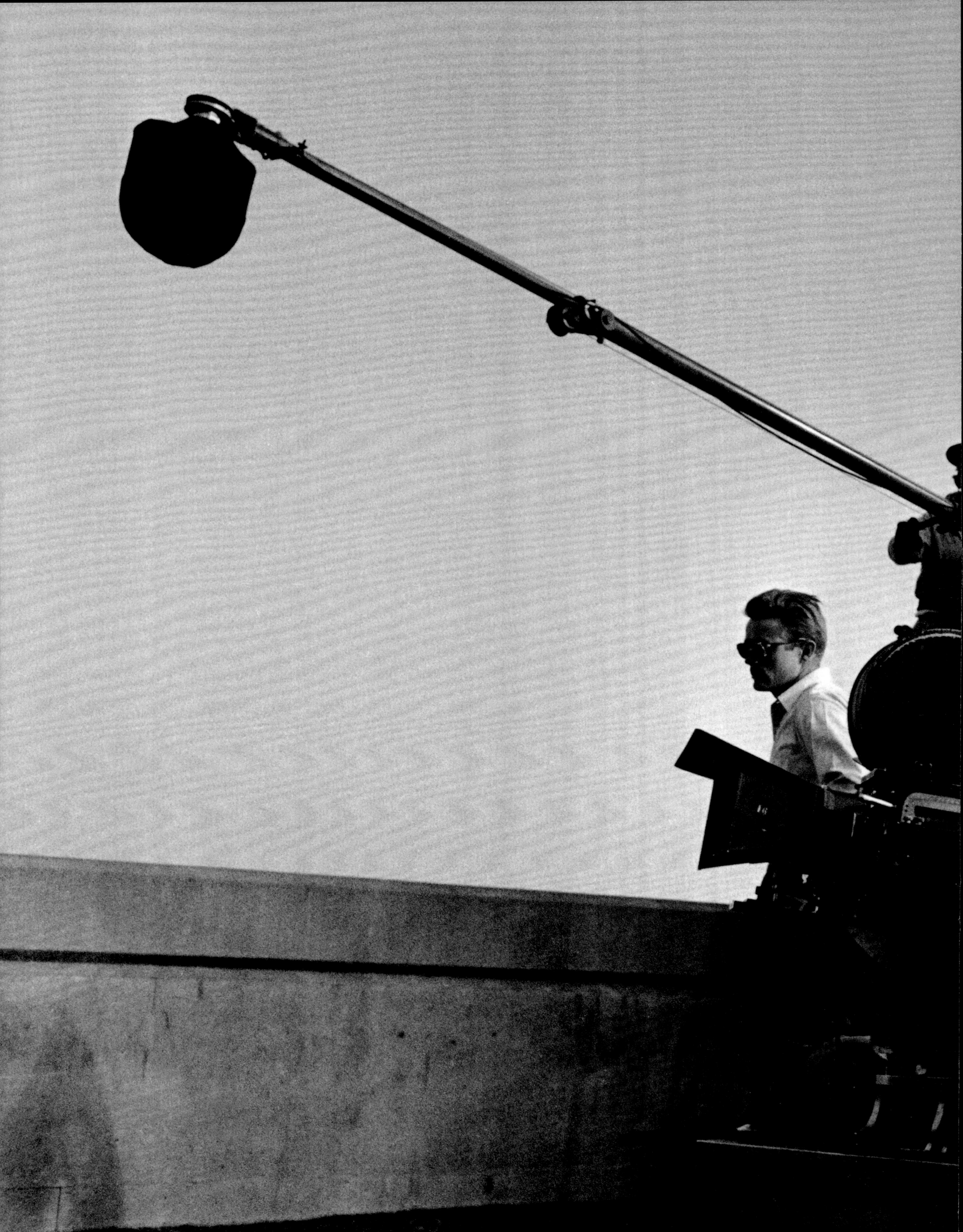

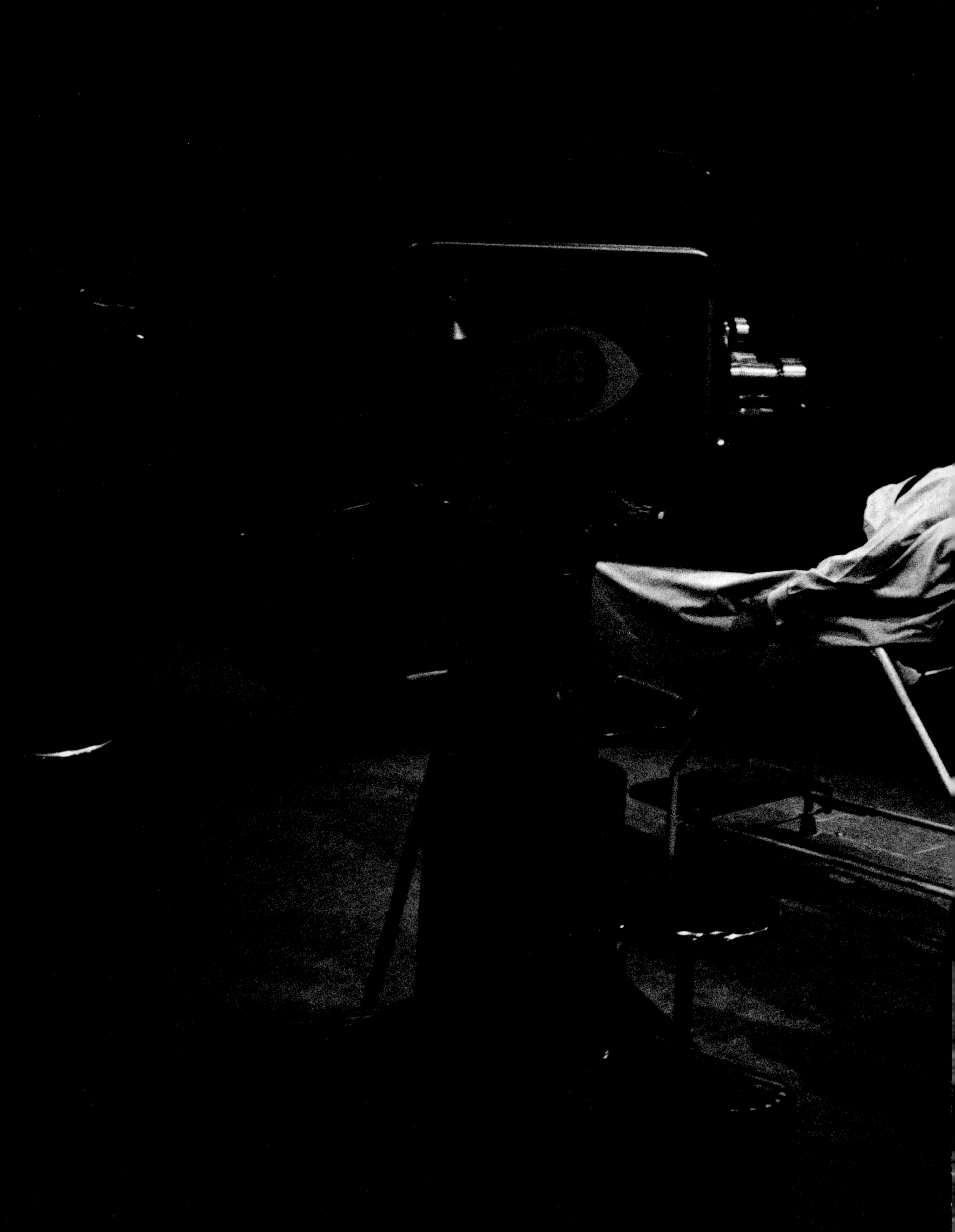

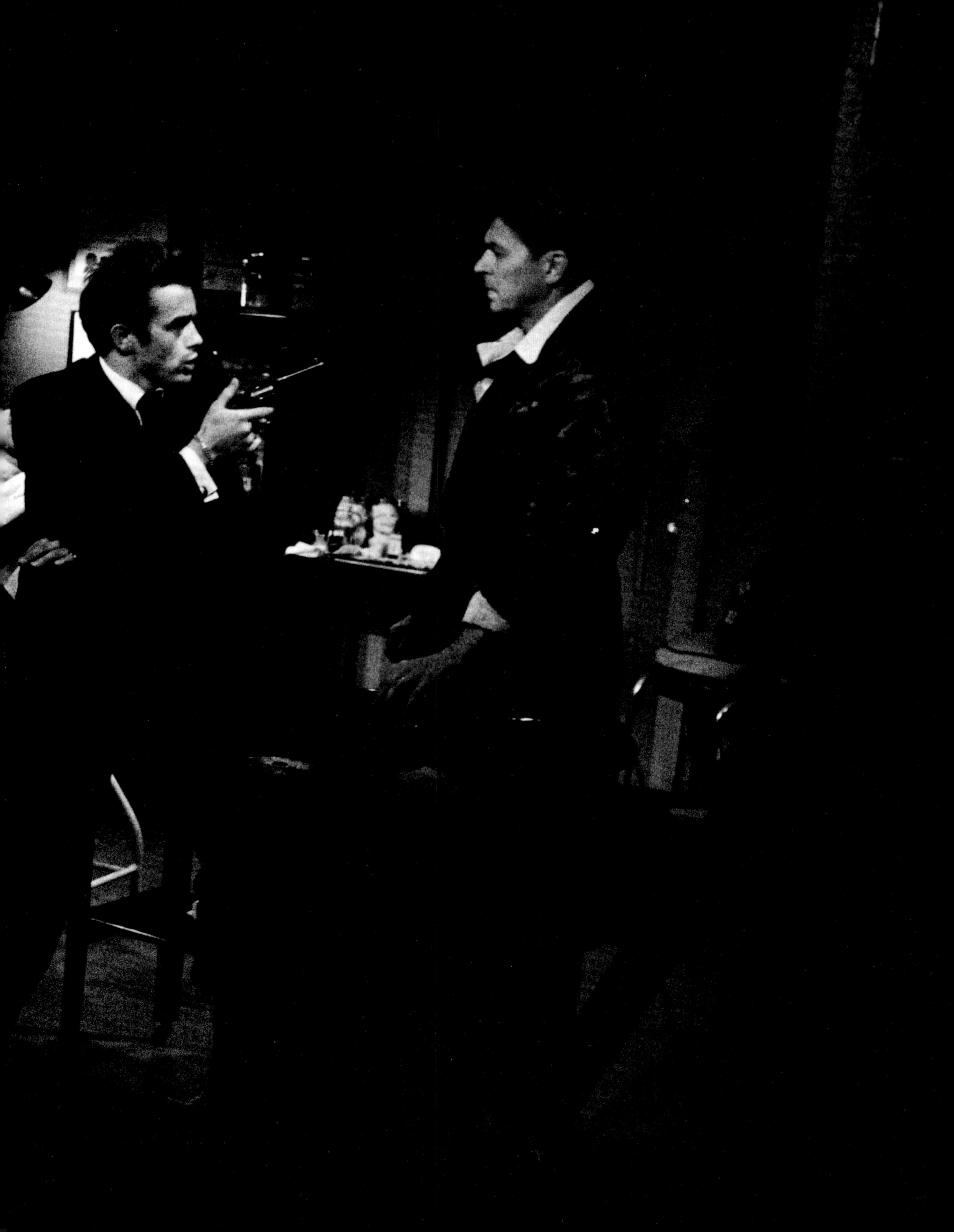

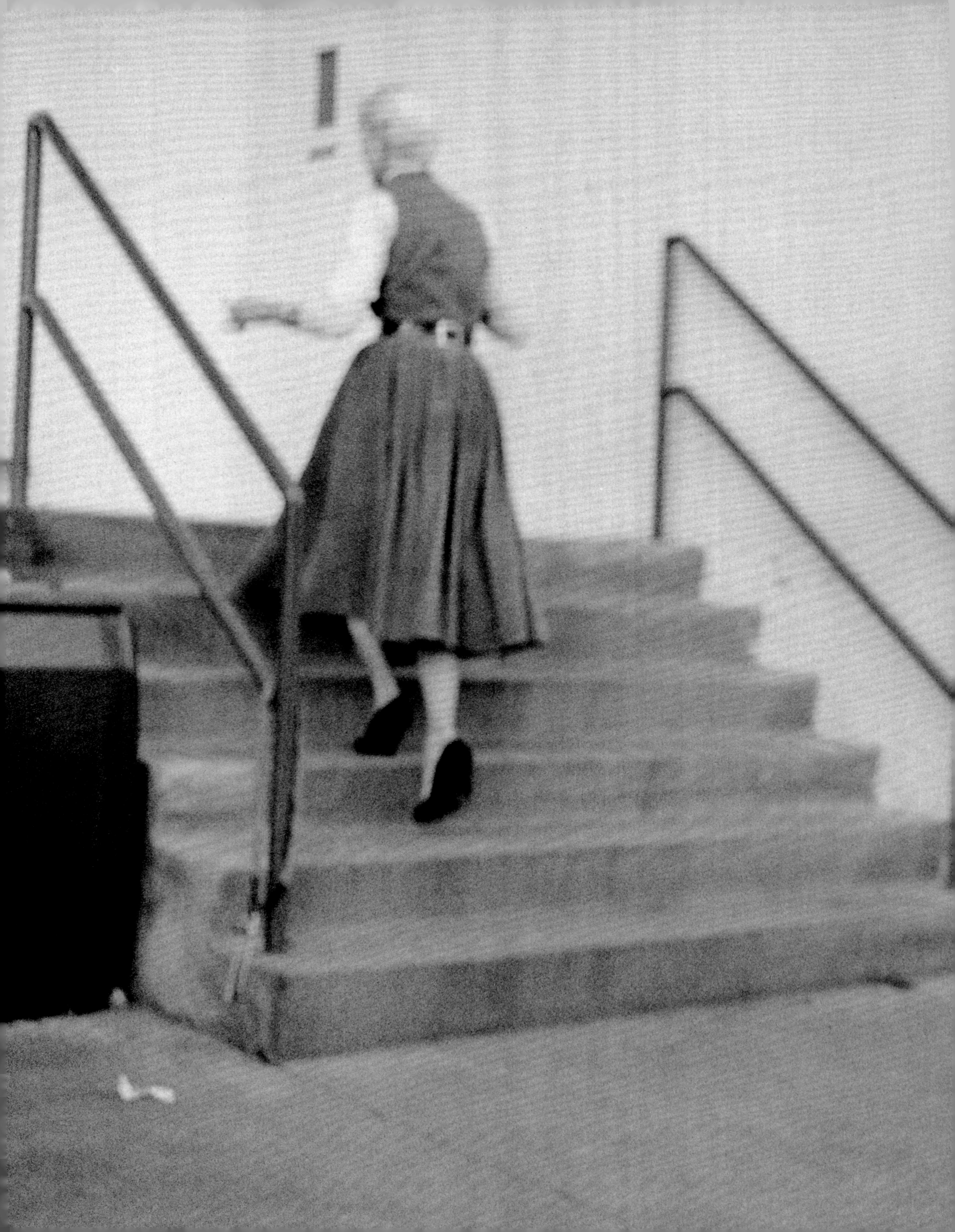

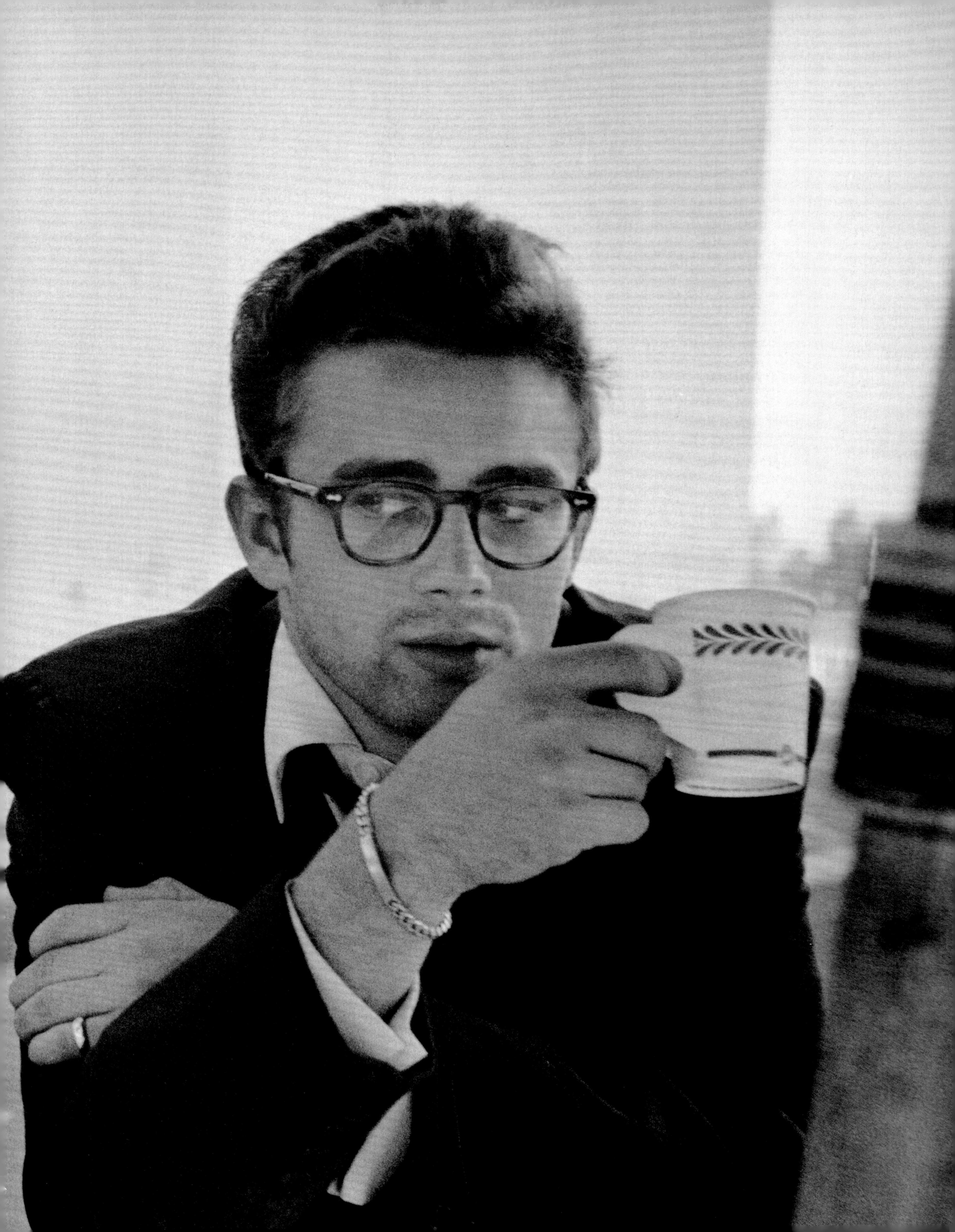

»Wenn ich eine Wahl treffen sollte, so sind mir Leute, die zischeln und fauchen, lieber als solche, die gähnen. Jede Person des öffentlichen Lebens macht sich selbst zu einer Zielscheibe, und dies ist das Risiko, das sie eingeht. Die meisten von uns haben die Möglichkeit zu wählen, und ich habe mir ausgesucht, das zu sein, was ich jetzt bin, anstatt weiterhin auf der Farm in Indiana zu leben... Trotz all der Hürden und Hindernisse auf dem Weg habe ich das niemals bereut.«
James Dean